月薪族的閱讀致富計畫

宋淑熹——著
黃千真——譯

普通人升級富一代的致富祕笈
——多讀 2 倍書，年薪翻 3 倍！

序 有錢人堅持擠出時間閱讀的理由

我某天突然好奇，世界級的富豪都會特別雇用組織或專人來為他們打點大小事，可能是聘用祕書、管家或高階管理人，卻從未聽說過有專門替有錢人讀書的負責人、部門或管家，這是為什麼呢？那麼富有的人非得抓緊零碎時間、親自閱讀的理由是什麼？他們又是為了什麼閱讀呢？

資本主義兩百年來的財富祕訣

我實在很好奇，明明那些「時間就是金錢」的富人們，都得以分鐘為單位去消化無數行程，為何還能手不釋卷，甚至是想獲得速讀能力呢。我透過翻找大量資料與書籍試圖解除這些環環相扣的疑惑，找出他們熱衷閱讀的答案，並發現了驚人的事實。原來資本主義的兩百年歷史中，創造、守護與增加財富的祕訣就是「閱讀」，這也才讓我能用一句話定義世上的富人之所以能成為富人的祕訣：

「如果你想變有錢，就去看書吧。」

那為什麼我看了這麼多書，還是很難變有錢呢？一般人也能靠閱讀致富嗎？

我一窺那些能將閱讀轉換為財富的有錢人的書櫃，深入了解他們的閱讀習慣後，得出以下結論：

「如果你想變有錢，就要『真的看書』。」

富人們確信，一味模仿的假閱讀只會徒增「閱讀既簡單又能速成」的迷信。如果秉持這種迷信假裝閱讀，別說要致富了，只會白白浪費你的錢、時間和能量。

實現財富與成功的閱讀技巧

坊間頻頻出版《哲學是職場上最有效的武器》等人文類書籍，也曾一度席捲暢銷榜前幾名。但若不懂得善用武器，那也無用武之地。就算是能瞬間殲滅對手的強力新型武器，如果不知道如何使用，終究只能落得戰敗的下場。如果要將人文閱讀當作工作與人生中的武器，就得發揮善用武器的能力，創造出理想中的勝利——也就是「將閱讀化為己用」的能力。

能將閱讀轉換成財富的核心技術，稱為「閱讀力」，奠基於能流暢閱讀、流暢運用的理解能力之上。所謂理解能力，就是能靠自己的頭腦閱讀、思考，並加以活用的思考力。將這種思考力發展成學習思維及工作思維，就能進化為富人思維。富人思維就是做什麼事都能賺錢，能把讀過的每本書都轉化為財富的超能力。本書將幫助你將「閱讀」這項武器運用自如，實現你想要的財富與成功。

因爲太忙沒時間看書？

世界上最成功的投資家華倫・巴菲特（Warren Buffett）曾說：「最好的投資就是投資自己；而我對自己的投資中，沒有比閱讀更好的投資了。」閱讀的效果就像複利一樣，越早投入越好。但我們大多數人都因為忙於生計，或是身兼多職，很難抽出時間好好閱讀。「沒時間看書」是個好用的藉口，但每天投入相當於幾百萬美元時間閱讀的超級富豪們是這麼說的：

「沒時間閱讀，就沒時間變成有錢人。」

因為太忙而挪不出閱讀時間嗎？但你難道會比巴菲特、比爾・蓋茲（Bill Gates）、金範洙[1]、金勝鎬[2]或崔凱莉（Kelly Choi）[3]還忙嗎？

如果你夢想一夜致富與功成名就，我可以幫助你踏出第一步——走上閱讀之路。當然，書你得自己來讀。你是否想一起踏上這條所有富人都認可的道路呢？歡迎同行！

你的冊士，宋淑憙

1 韓國企業家、億萬富豪，網際網路公司 Kakao 的創辦人兼會長。
2 韓國首家全球餐飲集團 SNOWFOX GROUP 的董事長。
3 韓國跨國連鎖壽司企業 Kelly Deli 的創始人和總裁。

目錄

PART 3

培養尋找書中財富的閱讀理解力

PART 4 讀多少就回收多少的閱讀輸出技巧

PART 5 月薪族的閱讀致富計畫

※編注：為便於讀者理解，本書中的提到的韓圓金額將視情境改以美元標示（以出版當下匯率為準）。

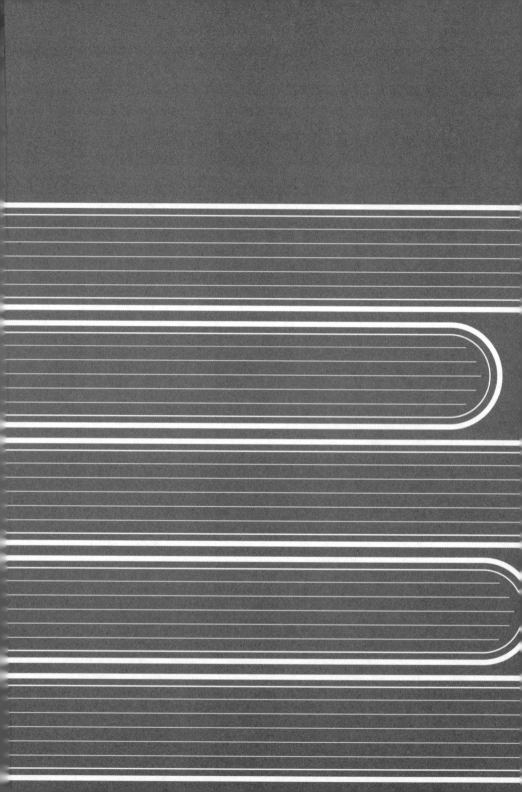

PART 1

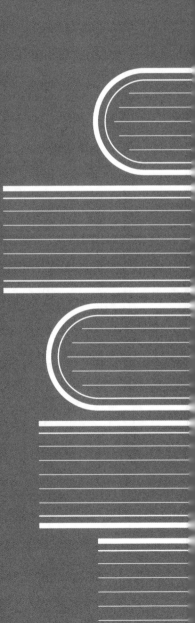

白手起家的富人們分享的致富祕訣

「書的力量就像藤條，一根藤條雖然使不上多少力，但一綑藤條絕對折不斷，能發揮很強大的力量。」

——作者不詳

成爲富人的四種方法，你選哪種？

「天選精子俱樂部會員」是華倫・巴菲特用來形容超級富二代的名詞，當他想抱怨他們行為不羈、「一團糟！」的時候就用了這句話。雖然我們總投以羨慕眼光，用「金湯匙」稱之，但其實他們無法長久享受那些榮華富貴。在美國或歐洲，要世代傳承財富的機率並不高，父傳子並能維持下去的機率是百分之二十，再繼承給孫子的機率僅百分之一。即使含著金湯匙出世，也很難好好守住財富，印證了「富不過三代」這句話。

美國商業雜誌《富比士》（Forbes）每年都會公布全球前四百大富豪排行，其中約有七成都是「白手起家」的第一代創業家。《富比士》分析，相較於天生富人，在中產階級家庭成長、受教育的人躋身富人行列的機率更高。他們還會強調「如果想成為真正的有錢人，就要努力生活，靠自己的力量創造財富」。不是憑自己本事得來的東西，不會真正屬於自己，所以像巴菲特這樣的世界級富豪都不會將財產傳給子女，而他們的子女也不會想空口咬住那支金湯匙。

那麼沒有繼承金湯匙的他們，到底是怎麼成為有錢人的呢？美國富人研究家湯姆・柯利（Thomas Corley）將成為富人的途徑分為四種。

1. 投資儲蓄型
2. 追求夢想型
3. 勤奮耕耘型
4. 專業人才型

以下讓我們來一一探究。

積攢金錢的投資儲蓄型32%

有些人是選擇存到一筆初始本金後，讓自己成為投資者。湯姆・柯利表示，選擇這條路的人多半是初期年薪落在七萬美元的中產階級，或是那些靠著簡約生活積攢鉅額本金的人。無論從事哪種職業，儲蓄與投資都是他們生活的一部分，他們也熱衷於了解創造財富的方法。這些人多半在三十多歲就累積超過七十萬美元的財富，在五十多歲時即擁有平均三百六十萬美元的投資資產。美國投資鬼才華倫・巴菲特就是投資儲蓄型的經典代表人物之一。儘早且慎重進場，透過投資積蓄提高收入的方法看似容易，但選擇此途徑的人必須節儉、避免過度消費，並嚴格遵守自己訂下的用錢規則。另外，湯姆・柯利也提到，這樣的人需要在投資方面長期自律，實際執行起來並不容易。

讓自己夢想成真的追求夢想型28%

有些人則是追逐並全力投入想完成的事，進而成為有錢人。例如創業、追求成為演員、音樂家或作家的夢想而致富，但在成為有錢人的途徑中，這條路非常辛苦。做自己喜歡的事雖然有趣又有意義，但實際上工作和生活間的界線會變得模糊，在穩定之前可能沒有固定收入、苦於生計；甚至也很難斷定自己到底會不會成功。不過只要成功一次，就足以致富。選擇這條路的人平均花十二年獲得約六百萬美元的資產，有百分之二十八的富人屬於此類。

傾注心力工作的勤奮耕耘型31%

上班族想成為有錢人的途徑，就是在職涯中攀升。這是一條需要除了為公司奉獻熱情與能量外，還得傾注心力投入工作的道路。初入職場的新員工若欲晉升至高階管理層，必須獲得公司的看重。這是湯姆・柯利所提出的四條途徑中，辛苦程度排名第二的方式。需要展現自己對於公司來說不可或缺的價值，同時建立堅實的人脈，並發揮卓越的領導才能。統計顯示，百分之三十一的富人透過這條途徑取得財富，他們平均需要耗費二十三年的時間，方能獲得約三百八十萬美元的資產。

醫師、律師、會計師等專業人才型19%

以專業知識和技術在特定領域取得優越地位，也是成為富人的途徑之一。根據調查，百分之十九的富人屬於這一類別，其中以醫師和律師為最多。平均而言，這些專業人士在其領域工作約二十年，便可積累約三百八十萬美元的財富。雖然天賦並非這些行業的必要條件，但成功通常需要長時間的學習歷程，這也就意味著必須付出大量金錢和時間。

從湯姆・柯利提出的四條途徑來看，投入時間和金錢在不動產、股票或虛擬貨幣等標的，也是致富的途徑之一。但你終究需要先工作賺錢，才能儲蓄一筆投資本金。總的來說，無論選擇哪條成為有錢人的途徑，都應該將其視為一種手段，而非唯一目標。這些途徑都需要在生活中努力奮鬥才能取得成果。那些實際上真的致富的人也強調，透過閱讀獲得的知識，是實現財富的重要一環，更多相關內容將在後續陸續闡述。

白手起家的富人必備的3個資格

富人是多做了什麼事才得以致富呢？巴菲特知名的摯友，波克夏・海瑟威投資公司（Berkshire Hathaway）的副會長查理・蒙格（Charles Munger）明確表示：

「要獲得你想要的東西，你必須先贏得擁有它的資格。這個世界還沒不公平到能讓沒資格的人得到他們想要的一切。」

嚴格來說，想得到自己想要的東西，就必須先得到擁有那個東西的資格。如果想成為富人，必須具備什麼樣的資格呢？我找了許多資料，包含那些富人親自公開的祕訣及給出的建議，統整出三個成為富人的必備資格。無論你選擇前面提到的哪一條致富途徑，這幾項資格都不可或缺。

成為有錢人必備的3個資格

■ 死也不能負債。
■ 工作到死。
■ 拼命閱讀。

死也不能負債

若以財富排名，在全世界七十八億人中，你會排在第幾名呢？雖然看似是個荒唐問題，但我們只要看《富比士》每年公布的「富比士前四百大富豪」的排名，就能知道前四百名是誰。這四百人之中也包含讓我們敬佩不已的世界級富豪，像是華倫・巴菲特、傑夫・貝佐斯（Jeff Bezos）、比爾・蓋茲、馬克・祖克柏（Mark Zuckerberg）等人。他們都是怎麼成為有錢人的呢？《富比士》發現，世界前四百大富豪推薦累積財富的最佳方法就是：

「死也不能負債。」

四百人之中有高達七成五的人表示：「想要累積財富，就必須將債務完全清償，並持續保持無負債的狀態。」長期與百萬富翁共事的理財專家戴夫・拉姆西（David Ramsey）也這麼說：

「要達到財務獨立，就要和周遭的人反其道而行。有很多人將負債包裝成槓桿，但沒有半個人靠信用卡紅利成為富翁，先清除你的債務吧。」

工作到死

成為有錢人的第二個條件就是「工作到死」，這也是每位富人的普遍經驗。即使是超級富豪，他們仍然在不懈地努力工作。聽說比爾・蓋茲每天賺超過七百萬美元，這筆錢已足夠他過上奢華的一生，然而他依然堅持不懈地投入工作。

這些成功人士之所以成為有錢人，不僅僅是因為他們善於理財，更因為他們賺來的錢能夠自我增值。華倫・巴菲特從十一歲開始進行所謂的「投資」，如今已年屆九十，仍然每天辛勤工作。比爾・蓋茲從十八歲開始涉足程式設計，創立微軟後仍然每天埋首工作。而伊隆・馬斯克（Elon Musk）創辦令世人驚嘆的特斯拉、Space X等事業，每日工時更是長達十四小時。

為了避免誤解，我想補充說明，我清楚地意識到「工作到死」的觀念不是指盲目工作，而是強調「賺錢」的過程需要持續不斷。錢滾錢的速度遠勝於工作賺錢，因此必須努力儲蓄，才能實現錢滾錢、利滾利。這裡的用意在於提醒各位：光是想著賺錢而不工作，並非成為有錢人的條件。

拼命閱讀

閱讀就是富人投資自己的核心祕訣。巴菲特曾分享過他的致富祕訣如下：

「最好的投資就是投資自己，必須將對自己的投資轉化為最寶貴的資產，才能成為有錢人，而我對自己所做的最佳投資就是閱讀。」

成為富人的祕訣可以總結為「要成為有錢人就開始閱讀」，雖然閱讀並非致富的必然捷徑，但富人們普遍都將閱讀視為重要習慣。他們願意花費寶貴的時間，擠出零碎的片刻用於閱讀。無論如何，有錢人都一致表示，若沒有閱讀，創造和守護財富的目標將難以實現。

一九〇九年的諾貝爾化學獎得主，德國物理化學家威廉・奧斯特瓦爾德（Wilhelm Ostwald）在他所調查的〈偉人及成功人士的共通點〉中，除了提到「積極思考」，也強調了閱讀的重要性。

華倫・巴菲特（波克夏・海瑟威創辦人）、馬克・祖克柏（臉書創辦人）、伊隆・馬斯克（特斯拉創辦人）、金範洙（Kakao 創辦人）、金逢進（外送民族創辦人），他們除了都是超級富豪外，也因大量閱讀的習慣而為人所知。這些成功人士的一天中，閱讀佔據著重要的一環。然而，為何他們會花時間親自閱讀呢？雇用各領域的專家來解決問題，請人演講、尋求諮詢或進行一對一指導，豈不是更加簡單嗎？他們投入閱讀一本書所花費的時薪，如果換算成人事費用，都不曉得能聘請多少人了。那麼，為什麼他們仍然堅持閱讀呢？

後面將會繼續為你說明。

富人們持續工作的眞正原因

有一種每個月薪族都會羨慕的人，就是那些主張「只要賺很多錢，讓錢幫你工作，就不用工作了。所以要快點賺錢、存錢，早日從工作中退休，這樣就能每天吃喝玩樂了！」以「財務自由，提早退休」（Financial Independence, Retire Early）為目標的FIRE族。

前月薪族姜耀洙就是所謂的FIRE族。他在四十歲出頭辭去工作，每月都有超過五千美元（約十六萬新台幣）的被動收入，符合能「吃喝玩樂」的生活標準。他過去任職於中小企業，努力存到兩百萬美元後，在四十三歲時讓這筆資產增長到五百三十萬美元，四十七歲時突破九百萬美元。當他確保自己能月收五千美元，遞出辭呈後的心情如何呢？

「我認為要讓資產帶來的收入高於原本的月薪，才能真正獲得自由。打造了不用工作也能月收五千美元的被動收入系統後，我就辭職了。」

「我再也不想在公司浪費自己的青春了！」他毅然決然地踏出公司，打算一路玩到掛，快樂度過餘生。畢竟他完成了所有人的夢想──不用工作，就能吃喝玩樂──讓我們來聽聽他的故事吧！

離職的隔天，他開始一一實現自己心中渴望的事情，盡情享受著自由的滋味。在花了數個月隨心所欲地追求自己的興趣後，他突然領悟到：吃喝玩樂或許能夠維持一兩天，但若長期沉浸於娛樂中，反而成為一項苦差事。突如其來的空閒讓他迷失在如何填滿時間的問題上，而這自由反而比上班時更讓他感到痛苦。「真的成為FIRE族之後反而很痛苦。」他這樣說。

五個月後，他決定重返工作。但這一次，他的動機不再是為了他人或公司，而是為了自己。他從自己的財產中拿出七十六萬美元，開始創業，挑戰在十年內使事業穩定，然後再度迎接退休生活。

爲什麼富人們仍未停止工作

如果僅僅把工作視為賺錢的手段，那些已經賺取大筆財富的有錢人們理應不會繼續工作才是。們可能不會繼續工作。儘管賺錢是為了維持生計，但工作也擁有超越薪水之外的意義。人們透過工作尋找生活的意義，同時體驗到其中的幸福。如果自我實現是人生目標之一，那麼工作就成為實現自我的最佳途徑。

如果吃喝玩樂真的是幸福的全部，那就無法解釋為何像巴菲特這樣的人，一邊擔任投資公司會長，卻仍然每天投入八成的時間進行閱讀和學習。如果你去看 Netflix 紀錄片《蓋茲之道：疑難解法》，會發現即使比爾・蓋茲每天都能因擁有的股份賺進超過七百萬美元，卻依然將每一天切成以分鐘為單位，持續工作。這樣富有的人為什麼要如此生活呢？SNOWFOX 集團的金勝鎬董事長擁有豐富財富，多睡點覺來追求更好的健康似乎更合理，但他卻每天凌晨起床閱讀，做筆記。同樣地，韓國首富、Kakao 創辦人金範洙也經常參與國政監察，甚至低頭道歉。如果不工作，根本不用做這些事吧？以發射太空船上火星為目標的馬斯克憑藉特斯拉，成為首位資產突破三千億美元的全球富豪，雖然他因此上了新聞，但在那天他仍然埋首於工作。

如果賺大錢是為了無後顧之憂地吃香喝辣，過上豐衣足食的生活，那又該怎麼解釋巴菲特偏愛漢堡、喝可樂，並選擇在偏遠的奧馬哈（美國內布拉斯加州東部的小城市，巴菲特的故鄉）生活呢？在巴菲特的願望清單中，賺錢並不是為了「坐穩世界首富寶座」——而是享受工作，並在面對挑戰時感受到活著的價值。

「我的願望是持續構思下個事業並享受人生，每一個工作瞬間都是幸福的。每個即將簽訂的合約、每個市場的機會，都讓我感受到相當大的能量。」

在巴菲特的願望清單中，也包括了與因工作而認識的人維持一輩子的夥伴關係。即便賺了許多錢，年紀漸長，卻仍然每天投入工作的巴菲特，讓我想起了數據專家宋吉永曾說的話：

「在過去，休閒娛樂與奢侈是社會地位的象徵，但現在反而是工作成為了地位的象徵。」

宋吉永指出，受自動化、無人化影響，一般工作漸漸沒有人類插手的空間，忙碌的工作生活反而成為一種凸顯自我的方式。這讓我深思，隨著機器人時代的來臨，能夠繼續工作的人確實是幸福的——尤其是那些具有創意的人，例如藝術家或工匠，他們得以透過工作持續追求自己的創意。然而，其他人可能逐漸失去工作機會，這也意味著人們缺少了追求幸福的機會。

工作能力被視為最穩定且高收益的資產，為了取得、保持和擴大這項資產，閱讀成為一項必要的投資。也因此，富人們才會活到老，讀到老。

投資知識，就是財富的泉源

富人將閱讀視為日常的基本價值，對他們而言，閱讀不是一種可有可無的選擇，而是一項每天必須執行的法則。無論多麼忙碌，他們每天都會花至少半小時閱讀，每週至少讀一本書。以日僑企業家孫正義為例，在他籌備創業的三年間，總計閱讀了四千本書。其實，超級富翁們若有需要，隨時可以聘請各領域最優秀的專家提供意見，也可以隨意參與任何高級課程，然而，他們依然努力保持閱讀習慣。為何他們如此堅持閱讀呢？

CP值：最便宜，但最有成效

超級富翁們成為財富巨擘的關鍵是金錢嗎？是因為擁有大量資金，使他們能夠更迅速賺取更多金錢嗎？華倫・巴菲特指出，他的財富並非來自於金錢本身，而是源於他能夠做出更明智決策的知識。賺錢、保值或增值皆需要深厚的知識，因此最佳的投資就是投資於知識，而最有效的知識投資方式則是透過閱讀。

觀察前述成為富人的四條途徑，實際上每條路所需的能力差異不大，特別需要具備在迅速變化的環境中靈活應變的能力。就如同在新冠肺炎疫情中，能夠靈活應對意外變化的問題解決能力，在任何致富途徑中都是必要的。面對變革的應對能力始於學習新知識，隨著知識快速增長，若學習速度無法跟上，將難以保持競爭力。如果想快速習得新知識，閱讀就是最有效率的方法。

閱讀使我們能根據自身需求學習所需的知識。美國知名基金經理、同時也是超級富翁的保羅・都鐸・瓊斯（Paul Tudor Jones）認為知識資本凌駕於金融資本之上，他強調在構築知識資本的各種行動中，最佳方式就是透過閱讀，學得越多，賺得越多。在學習方法中，閱讀不僅經濟實惠，而且效果卓越。

心理滿意度：理想人生必備的超級食物

《最高學以致用法》的作者樺澤紫苑是一位日本精神科醫師。他認為人生中最重要的五件事包含健康、財富、時間、人際關係與自我成長。而能夠完成這五項目標的唯一辦法就是透過閱讀，因為在追求這五項目標的過程中所面臨的問題，都可以從書籍中獲得解決方案。

有錢人選擇閱讀的其中一個原因，是因為「書」這種媒介的特性。書籍中累積了許多前人解決問題的經驗，幾乎沒有世界上書中未曾涉及的問題。難道有錢人就不會遭遇問題嗎？正因為如此，有錢人才會全心投入閱讀，因為書籍提供了無比寶貴的解決方案。透過書籍，我們能與前人的想法和智慧相遇，花幾百元獲取他人一生經歷所積累的智慧，這種魅力是任何其他方式都難以比擬的。

更重要的是，書籍是專家們共同精煉而成的產物，其內容的可信度非常卓越。推特創辦人伊凡・威廉斯（Evan Williams）曾警告「我們吸收的資訊如同吃進身體的食物一樣重要」，因為這將影響我們的思考、行動和對世界的理解方式。在這樣的脈絡下，相較於網路上來源不明且難以信任的知識情報，書籍就好比是超級食物，因為我們只需要花費幾個小時，就能輕鬆掌握並學習到某個人提供的具有深遠影響力的知識。

可得性：隨時，隨地

書籍隨手可得。我們可以獲取知識的方法包含人際交往、資訊蒐集與親身經驗，其中閱讀是最容易也最快的方法。無論身家千億的企業家、資產百萬的自由業者，又或是求職中的個人、居家工作的職業婦女等。

無論是誰，隨時都能以低廉的價格購入書籍，這也正是閱讀最吸引人、最具魅力之處。

並非人人都做得到的富習慣

今年，我正迫不及待地期待著某封特殊的信件，那就是巴菲特每年寄給波克夏・海瑟威股東的信。即使身份不是波克夏・海瑟威的股東，全球的媒體和喜歡他的人都緊盯著這封信，因為其中包含他對投資的深刻見解，對許多企業、產業領袖、學者、商人、公務員以及個人投資者都有著深遠的影響。

然而，我對巴菲特公開信的期待角度稍有不同。我之所以期待，是因為我把他視為我的寫作啟發者，一位給予我豐富靈感和點子的寫作老師。他在處理股市投資這一專業領域的寫作能力，是我需要效仿的最佳典範。

在億萬富翁之中，巴菲特也是數一數二的閱讀家。

「**我早上抵達辦公室就會坐下來看書，工作八小時後看個書再睡覺。**」

他的一天就像這樣始於閱讀，也終於閱讀。

看似簡單，但並非人人辦得到的致富祕訣

在哥倫比亞大學的禮堂裡，聚集了眾多學生，他們熱切期待著聽華倫・巴菲特的演講。其中一位學生舉手發問：「如果我們想像您一樣在投資方面取得成功，應該先從什麼事情開始呢？」巴菲特思索片刻，然後從他的包包中拿出大量的書籍、報紙和文件。「每天閱讀五百頁這樣的資料吧。這是啟動投資相關知識的方式，將像複利一樣持續積累。」儘管這個回答似乎未滿足學生們的期望，他們表現出一絲失望的神情，但巴菲特依然堅定地說道。

「雖然每個人都能做到這件事，但我敢說一定也有很多人辦不到。」

《習慣致富》的作者湯姆・柯利將年薪超過十五萬美元、流動資產達到兩百五十萬美元的人定義為有錢人。他以富人與非富人為對象，歷經五年的觀察與比較後，得出以下結論。

「成為有錢人無關幸運，一切都取決於你的習慣。」

據湯姆・柯利所說，讓成功人士得以成功的最佳習慣之一就是閱讀。在他見的有錢人中，高達百分之八十八的人每天至少花三十分鐘閱讀。比爾・蓋茲每星期讀一本書，一年閱讀約五十本書；馬克・祖克柏每兩週讀一本書；而相較於電動車產業，特斯拉的伊隆・馬斯克反而更熱衷於太空產業，甚至可說他是靠閱讀來學習火箭的製造方法。更別提巴菲特一天有八成時間都在閱讀了，這樣的閱讀習慣無庸置疑地讓他成為世界頂尖投資專家。縱使在他固守世界頂尖投資專家寶座的現在，他每天也仍會花上六七個鐘頭閱讀。

有錢人多半閱讀財經與管理類專業書籍、非小說及偉大人物傳記。據湯姆・柯利的研究資料顯示，那些年收入低於三萬美元、淨流動資產低於四千五百美元，沒能成為有錢人的人，則多半只閱讀當作消遣或放鬆之用的娛樂雜誌。

爲何有錢人獨鍾閱讀？

買一本書的錢不到五百元，如果拿超級富翁閱讀所花費的時間與他們的收入進行估算，他們花在閱讀上的成本可能超乎你我想像。為何這些有錢人願意花這麼高的價錢來閱讀呢？他們為何不利用祕書代替閱讀呢？湯姆・柯利解釋，有錢人之所以獨鍾閱讀的主要原因，是因為他們對於學習新事物的熱情非比尋常。對於新經驗持開放態度，擁有較高的新經驗接受度，這種特質使得富人們更喜歡閱讀。

巴菲特的辦公室並沒有設立在左右著美國，甚至是全世界證券市場的紐約，而是位於離紐約航程約四小時的小城市。他的辦公室掛著一幅老舊證書，是以自我開發課程聞名的戴爾·卡內基課程結業證書。卡內基的課程眾所皆知，課程內容大部分人也都已經聽過，某天有位記者就問巴菲特：

「都已經知道的內容還能派上什麼用場呢？」

對此，巴菲特回應道：

「都知道跟都實踐過是兩碼子事吧？」

多讀2倍書，年薪翻3倍

一九九〇年代初期，在我編輯出版《彼得林區選股戰略》這本書時，首度得知彼得・林區（Peter Lynch）這號人物。他與華倫・巴菲特是股市投資界的雙璧傳說，也吸引了許多人想效法他的投資祕訣。彼得・林區曾公開了一項非常重要的祕訣：

「把那個時間拿去讀書吧！」

沒做功課就去投資，就像玩撲克牌遊戲時不看牌就出牌，把學習投資心法的時間拿去閱讀反而更有價值。彼得・林區表示，投資股票的能力並非與生俱來，邊看書邊做功課就是最好的投資心法。

有錢人們也無一例外地推薦「邊看書邊做功課」，但會閱讀的人真的都是有錢人嗎？年薪越高的人看的書會越多嗎？先從結論說起：有錢人是按閱讀量排序的。關於這個主題，日本也用了各種方式深入探討，一起來看看吧。

年薪越高的人，花越多錢買書

根據《日本經濟新聞》的調查，會賺錢的人每個月的購書費相較其他人多出許多。年薪超過九百萬日圓的人，平均每月會花超過三千日圓購書；年薪介於四百五十萬到九百萬日圓的人則花兩千九百日圓；年薪未達四百五十萬日圓者則花約兩千日圓購書。也可推算出年薪超過九百萬日圓的人，比年薪未達四百五十萬日圓者多花1．5倍的時間閱讀。反過來推論：花越多錢買書的人，也賺得越多，所以年薪與閱讀量成正比。

從日本商業雜誌《PRESIDENT》「年薪一千八百萬日圓的讀書法」的相關研究中，我們也可以明確地看到，賺錢能力越強的人，閱讀的書籍數量也相對增加。該研究顯示，百分之六十六會賺錢的人，其收入會隨著閱讀量提升。而在每月閱讀四本書以上的人之中，年薪達到一千八百萬日圓的佔百分之三十五，年薪九百萬日圓者佔百分之十八，年薪六百萬日圓者佔百分之十七。而年薪超過一千八百萬日圓的人，相對於年薪未達一千萬日圓的人，閱讀的書籍數量多了兩倍。此外，年齡超過四十歲的人之中，年薪超過兩千萬日圓者每月平均閱讀5．4本書，年薪六百八十萬日圓者每月平均閱讀2．5本書。由這些結果可見，閱讀書籍的數量增加兩倍，相應地，年薪也提高了三倍。

從日本公認會計師兼經營顧問神奈川賢吾（音譯）公布的調查資料，也可看出年薪是依閱讀量排序。日本二、三十歲上班族每月平均只讀0．26本書，三十歲且年薪三億韓圓的人月平均讀9．88本書，兩者閱讀量之高低相差達到驚人的三十八倍。這些資料表明，年薪超過千萬日圓的人，每月至少會閱讀四本書。同樣，日本出版文化產業振興集團的調查結果也呼應了這一趨勢，年薪介於一千萬到一千八百萬日圓之間的高收入者，高達百分之二十四的人每月閱讀三到四本書；相反地，年薪未達三百五十萬日圓者，甚至無法達到平均閱讀量的標準。

美國的調查結果也是一致的。某經濟雜誌針對比爾・蓋茲和華倫・巴菲特等超級富翁的富人階層，以及年薪未達兩萬五千美元的上班族進行了閱讀量的研究。結果顯示，百分之八十八的富人階層每天閱讀三十分鐘以上的商業相關書籍，其中百分之八十六屬於閱讀愛好者，甚至有百分之六十三的人在移動時間也會聽有聲書或看YouTube。相反地，年薪未達兩萬五千美元的人中，只有百分之二的人有閱讀習慣。

韓國也曾進行類似的研究調查。韓國職業能力開發院對二〇〇四年國三學生的閱讀量進行了長達十二年的追蹤，並觀察他們後來在大學修能測驗取得的分數以及進入哪個公司工作等項目。在調查就讀高中期間曾閱讀過幾本素養和文學類書籍的學生中，閱讀量較大的學生在各科修能平均分數上多出了二十二分，而進入大企業和公部門等「好地方」工作的比例也高出了百分之二十。

閱讀水平與薪資水平確實存在關聯。高中時期閱讀十一本以上素養書籍的學生，目前在職場上的平均月薪為兩百二十九萬韓圓，而完全未閱讀書籍的學生則為兩百一十三萬韓圓。閱讀量增加帶來的結果就是每月多賺十六萬韓圓，以年薪計算則是多賺一百九十二萬韓圓。在學生時期持續閱讀的人，進入職場後的年薪也比不閱讀的人高出兩百萬韓圓。義大利帕多瓦大學的研究也支持這一點，小時候閱讀十本以上課外書的人，相較於其他人，年薪增加了百分之二十。

究竟是有閱讀習慣的人年薪就會比較高，還是年薪高的人就會多閱讀呢？針對這個問題，統整所有答案可得出以下結論：

「有錢人是按閱讀量排序的。」

通膨時代，超級富豪的最佳投資選擇

高手們傾向將危機視為轉機，特別是在通膨嚴重的時候，他們會策劃其他投資項目，因此在不利環境中脫穎而出。在這群成功者中，巴菲特無疑是投資領域的頂尖高手。那麼，這位投資大師在通膨時代會如何挑選投資標的呢？

「保護財產免受通膨影響的上上策，就是投資自己！」

巴菲特強調，最優秀的老師、外科醫師或律師，無論貨幣價值如何波動，都能在國家經濟中占有一席之地。因此，根據這種觀念，最具價值的投資項目就是投資於自己。努力成為頂尖者，才是最理想的投資。

他接著提出的次要方案，才是投資部分優良企業的股票，優先順序十分明確。無論通膨是否存在，都應全力以赴地做好原本的事情。巴菲特強調，最佳的投資就是不損失資本。如果為了在副業賺取額外收入而忽略了主業，將優先順序弄反，那就不符合巴菲特所認定的最佳投資。即使能多賺一些錢，若不將主業做好，就失去了最重要的價值。

要成爲有錢人，就在有錢人旁邊排隊

在通膨警報出現之前，我們也對自己有過不少投資，以自我開發為名，實際付出了相當多的時間和金錢。當效果不如預期時，我們可能會煩惱是否值得繼續花費更多時間和金錢。然而，一旦走到這一步，自我開發似乎已經不再是一種投資，而更像是一種消費。

相比之下，閱讀似乎是富人們的唯一自我開發方式。他們投入在閱讀上的時間、金錢和注意力，甚至可被視為一種能帶來回報的資產。舉例來說，有一位每小時賺七百五十美元的富翁，他花了一星期的時間讀完售價不到十二美元的投資心理學書。算起來，他花費的成本約為五千多美元。即使排除與金錢無異的注意力成本，就已經要花這麼多錢了。

書錢＋閱讀花費的時間（一天1小時×7天）＋注意力

＝12美元＋每小時750美元×7＋α

＝5262美元＋α

有錢人不會只為了看一本書花上五千多美元，而是會將書中獲得的知識或資訊變成自己的知識財產。這些知識財產在實際投資中發揮作用，可以帶來高收益，或在其他人投資失利時彌補損失。這正是有錢人透過閱讀構築資產並提高收益的方法。

如果閱讀是每個有錢人都會選擇的投資項目，那麼對於像我們這樣的月薪族，是否能夠透過閱讀實現財富呢？結論當然是肯定的。因為我們有能力透過閱讀擠身富人之列，每位有錢人都強調，想要成為有錢人，就要先在有錢人旁邊排隊。

「要在有錢人旁邊排隊，沒有比閱讀更好的方法了。」

大家公認的閱讀致富導師、企業家崔凱莉也建議，持有「閱讀」這項工具足以了解富人的思維，並能夠像他們一樣思考和行動。站在有錢人的隊伍中，意味著採用有錢人的思維方式並付諸實際行動。與巴菲特共進午餐要價一千九百萬美元，這也是為了向他學習如何像他一樣思考與行動。雖然我們沒有這麼多錢，但還是可以看他的自傳《雪球：巴菲特傳》。我讀這本書時，彷彿和巴菲特共進好幾天的三餐，並向他學習很多東西。書店裡還有眾多可以替代與有錢人見面並深入研究他們思維方式及生活方式的書籍。希望大家能夠以這些書籍當作墊腳石，站在和有錢人並列的隊伍中。

閱讀致富的5小時法則

在向 Naver Café「月薪族富翁們」論壇會員詢問「想見哪位韓國富翁？」時，絕大多數會員都選擇了金勝鎬會長。這位擁有三億美元資產的成功人士，分享了他打造這些資產的祕訣，就是閱讀。為了守護這些資產，他每天都把閱讀當成日常功課，投入兩小時閱讀書報和網路內容。閱讀的關鍵在於時間，如果想靠閱讀致富，究竟需要花多少時間呢？對於那些被生計追著跑，連睡覺時間都不夠的人來說，每天抽出大量時間閱讀似乎是個不切實際的要求？

每天投資一小時，做任何事都可能成功

麥可・西蒙茲（Michael Symonds）是美國一位發揚創業家精神的企業家。對於那些白手起家的成功人士，他充滿好奇心，於是在過去的十年中深入研究了伊隆・馬斯克、傑夫・貝佐斯、比爾・蓋茲和華倫・巴菲特等超級富翁，並提出了「五小時法則」：每天投資一小時、一週投資五小時，這樣的努力能夠帶來成功。他也提到，億萬富翁每天都會投資一小時閱讀，並持續這樣的習慣終身。若有意白手起家，成為有錢人，他強烈建議每天投入一小時、每週總計五小時的閱讀時間。他斬釘截鐵地表示，這個簡單的成功法則絕對不容許任何例外，不允許任何無法每天抽出一小時閱讀的藉口和辯解。

為了將這套成功法則分享給更多人，麥可・西蒙茲將其設計為一門以企業和個人為對象的付費課程。他期望大家都能將「月薪族要成為有錢人的閱讀五小時法則」融入日常生活。麥可・西蒙茲指出，這套法則的執行者元祖，就是美國開國元勳之一的班傑明・富蘭克

林。富蘭克林因為家境貧困而無法接受正規教育，但他成功地成為美國夢的象徵，主要歸功於他每天早起，進行閱讀和寫作，實踐了所謂的五小時法則。

挑戰一週讀一本書吧

這確實是個令人振奮的消息，只需每天閱讀一小時就有可能成為有錢人。然而，每天花一小時閱讀，一週究竟能夠讀多少呢？讀書的時間因個人而異，且書籍種類繁多，而且不論閱讀何種書籍，僅僅讀完還不足夠，還需要理解內容。因此，每天閱讀一小時，一週能夠讀取多少的問題難以獲得確切的平均值，但我們可以嘗試進行推估。如果需要花上一星期以上才能完成一本書，這是否算是正常的閱讀速度呢？更不用說理解了，有時會忘記自己正在讀些什麼內容，而需要一再重讀。

根據心理學和腦科學專家的指出，記憶的保持時間極短，不論讀了什麼，僅過十分鐘就會幾乎忘得一乾二淨。隨著時間的流逝，遺忘會更為明顯，甚至連曾經接觸過的內容都可能遺漏。專家提到，若想要牢牢記住內容，在一定時間內反覆記誦非常重要，而這個時間臨界點正好是一週。因此，完成每天一小時、一週一本書的目標應該是可行的。一般成年人平均每分鐘能閱讀五百到七百個文字，一本書平均約兩百八十頁，每頁平均五百個文字，每分鐘讀一頁，一小時就能讀六十頁，一週讀完一本書應該不算太困難。

超級富翁和月薪族的起跑點是公平的

有一位論壇會員讀了「月薪族富翁們」專欄，並給予以下的回饋：「閱讀是個起跑點一致的公平遊戲，因為我們也能和有錢人用同樣方法閱讀。」確實如此，在開始閱讀的起點上，無論是有錢人還是準備成為有錢人的人，大家都站在同一起跑線上，但過程發展卻截然不同。有錢人對機會成本非常敏感，機會成本指的是選擇某個項目將失去的成本，即在選擇另一項目時可能獲得的利益。以比爾・蓋茲這樣的富人來說，閱讀一小時所耗費的機會成本就是七百五十萬美元，等同於放棄相同金額完成的其他事情。因此，有錢人才會努力回收在閱讀上投入的注意力、時間和金錢（ATM）[1]來賺錢。對他們而言，閱讀是一種投資，而對於無法回收ATM的人而言，閱讀就僅止於花費。這種差異從何而來呢？答案在於有錢人們特有的閱讀方法。

1

指讀一本書所耗費的注意力（Attention）、時間（Time）與金錢（Money），讀一本書要花錢、花時間，還要全神貫注閱讀並投入注意力。「投入注意力」的英文是「pay attention」，這也很有意思。

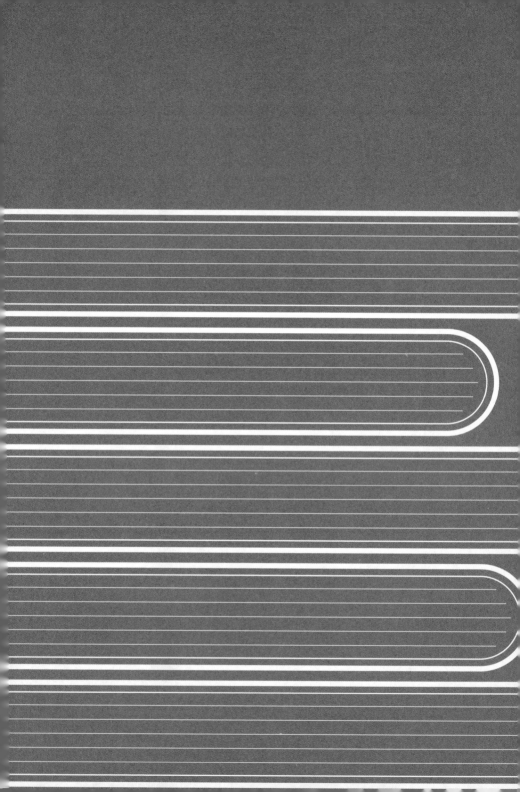

PART 2

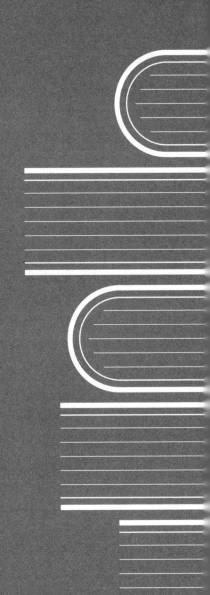

有錢人200年不變的閱讀祕密

「人生中有兩個瞬間能體悟到自己被眾人認可。
第一個是學走路的瞬間，第二個是學習閱讀的瞬間。」
——潘妮洛普．菲茲傑拉德（Penelope Fitzgerald）

白手起家富人200年來的不變法則

「白手起家的富人們是怎麼累積財富的?」

喬治亞州立大學教授湯瑪斯・史丹利(Thomas Stanley)是研究此主題超過四十年的富人學奠基人與權威,他對這個主題所下的結論是:

「唯有透過緩慢而長期的日常革命,才有可能實現致富之道。」

史丹利教授表示,在資本主義的兩百年歷史中,雖然有錢人的標準和財富指南有過數十次變化,但也存在著亙古不變的富人法則。其中第一條法則就是有錢人比一般人讀更多書。他發現有錢人每週平均花費5．5小時閱讀（這讓我聯想到麥可・西蒙茲提出的五小時法則）。這是因為閱讀能夠培養問題解決的能力，提高對世界的知性與理解力。

有錢人靠閱讀來自學

自我開發專家史蒂夫・西博爾德（Steve Siebold）從一九八四年起，在三十年間訪問了一千兩百位有錢人，試圖找出他們的致富祕訣。據他所言，與學校教育相比，有錢人更傾向於自學，而自學的核心就在於閱讀。他訪問過的每位有錢人的家中都擁有一間像圖書館一樣的書房，其中擺放著許多能提升知識涵養的書籍。

《有錢人與你的差距，不只是錢》的作者拉斐爾・巴齊亞（Rafael Badziag），在一九九〇年代成功打造了一個規模達數百萬美元的事業，因而成為了億萬富翁。他渴望更進一步提升財富，於是他在全球環遊五年的過程中訪問了眾多有錢人，其中包括金範洙議長。在這趟旅程中，他發現致富的祕訣之一就是「每天早起閱讀」。

到二〇二〇年年底，已在十二個國家擁有三十個商業合作與子公司，提供六千個職缺的全球企業會長崔凱莉，她在五年前還因為事業負債了十億韓圓。她以想成為有錢人為目標，研究她想效法的一千位有錢人，並跟隨他們的思考方式及行動，才締造了今天的奇蹟。崔凱莉透過閱讀有錢人的書、搜尋與他們相關的演講、採訪及社群媒體內容等，研究他們的行動並像他們思考及行動，也難怪她能獲得這樣的結論了。

截至二〇二〇年年底，跨國企業總裁崔凱莉已在十二個國家擁有三十個商業合作夥伴和子公司，提供六千個職缺。然而，五年前的她曾因事業負債十億韓圓。她立下目標要成為有錢人，並研究了一千位她想效法的富人，跟隨他們的思考模式和行動，才締造了今日的奇蹟。崔凱莉透過閱讀他們的書籍、尋找相關演講、進行採訪以及參與社群媒體等，深入研究他們的行動，模仿他們的思維，無怪乎她能獲得這樣的結論：

「**有錢人是透過閱讀來向有錢人學習。**」

這兩百年來成功創造財富、守護財富的有錢人們的閱讀祕密，接下來將為你一一剖析。

有錢人的閱讀能以複利增值

比爾・蓋茲和巴菲特曾一同受邀訪問美國內布拉斯加州立大學，當時有一位學生問道：「如果你們可以擁有一種超能力，你們會選擇什麼？為什麼？」比爾・蓋茲的回答令人驚訝，他希望擁有的超能力是「快速閱讀」，而巴菲特也對這個答案深表贊同。比爾・蓋茲每年閱讀五十本書，平均每週一本，這對他來說或許還不夠，因此他希望能再多讀一點。

作為一位備受矚目的知名富人，比爾・蓋茲同時也是一位積極追求有趣事物的學習者。他不僅聘請頂尖的專家，還參與最具代表性的線上課程。對他來說，閱讀是學習新知識、檢驗理解能力的最重要方法。

「人如果停止學習就會開始老化，所有書都能教我們新事物或不同的思考方式，任何方法都不可能凌駕於閱讀。」

巴菲特如此說道。

「能讓你的人生在最短時間內做出最偉大改變的方法是什麼？如果你有比閱讀更好的方法，那希望你要依循它。但就人類到目前為止發現的方法來看，你再怎麼找也找不到比閱讀更好的方法。」

有錢人從書中學習成功的原理和原則，掌握解決問題所需的思考方式，不論問題的大小，也學習新知識和現象。他們的書房是培養致富能力的學習室，有錢人為了守護財富而努力學習，為了增加財富更加拚命學習。比爾・蓋茲之所以渴望擁有快速閱讀的超能力，正是因為閱讀是培養學習能力的絕對且唯一方法。他深知要維持領先的地位，沒有比競爭對手學得更快的能力更好的祕訣。

一年多出38倍的知識複利

有錢人具備快速計算的能力，他們清楚創造財富和守護財富都需要知識，而這些知識能夠透過閱讀逐步累積。這種方式就如同複利一樣，效果會逐漸增長。如同麥可・西蒙茲的「五小時法則」主張「超級富翁的成功來自每天閱讀一小時」，這也是建立在閱讀的複利效果上。

一天閱讀一小時的複利效果可謂驚人。如果你每天堅持閱讀一小時，持續一年，你的閱讀效果將比不閱讀的人多出三十八倍。僅僅是每天閱讀一小時，三年後，你將與不閱讀的人拉開五萬四千倍的差距。反之，若沒有每天閱讀一小時，一年後閱讀效果將減少 0.03 倍，三年後更會減少 0.0006 倍。

紐約州立大學鮑勃・博伊斯（Bob Boyce）教授的研究也進一步證實了每天閱讀的複利效果。他透過觀察其他教授寫研究論文的過程，得出的結論是「每日不間斷」的實踐不但不會耗費太多時間，反而能夠獲得令人刮目相看的成果。根據「帕金森定理」（在時間壓力越大的情況下，生產力反而會上升），我們更能想見閱讀一小時能帶來多大的效果。現在輪到你來親身體驗每天閱讀一小時的複利效果了。

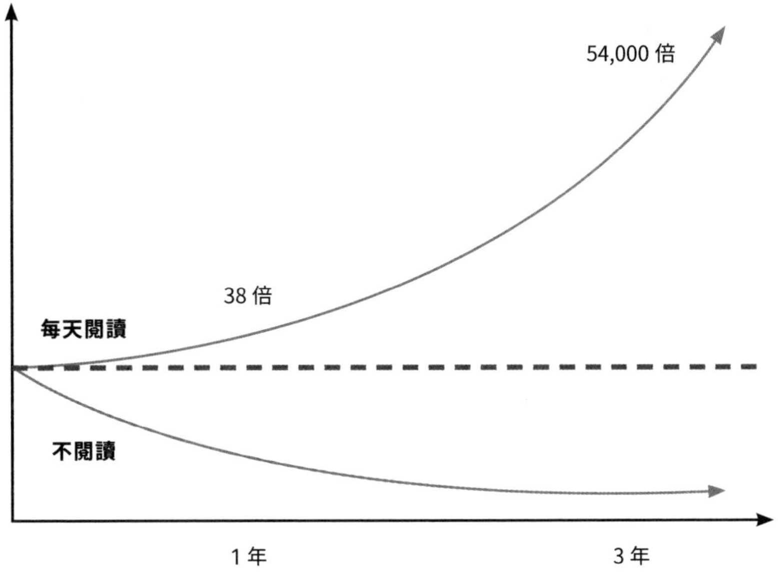

富人會向最優秀的人學習

自我開發教育機構富蘭克林柯維公司（Franklin Quest）首長凱文・霍爾（Kevin Hall），曾與全球暢銷書《與成功有約》作者史蒂芬・柯維（Stephen Covey）一起工作。他為了深入了解公司內業績最高、每年能創造數十萬美元盈餘的人，以及那些只能賺到薪水十分之一不到的人之間的差異，進行了一項研究，獲得了以下的結論：

「**會賺錢的人也很會學習。**（Earners are learners.）」

凱文・霍爾指出，公司內表現最優秀的成員都對學習抱持極大的熱情，沒有例外。這些人每年都閱讀超過二十本書，持續吸收和學習新的資訊，並專注於探索各種主題，特別是針對了解客戶需求進行深入研究。有錢人在處理事務時追求高效率，他們無法忍受金錢的浪費，也不容許隨意浪費時間。就像擅於賺錢的教育機構中的成功者一樣，超級富翁努力學習，以此在創造和守護財富的過程中獲得新的見解，擴展視野，培養出成功者所需的能力、洞察和品味。中國著名企業家、阿里巴巴共同創辦人馬雲也曾表示：

「閱讀能讓你比別人更早出發，會讀書的人比不讀書的人，有更高機率掌握其他產業的戰略與戰術。」

讓富人大量學習的「學力」

有錢人擁有的好學態度，以學習解決問題的心態被形容為「學力」。這些成功人士總是在面對問題時迅速提問「該如何應對？」並開始翻閱書籍以找尋解決方案。

根據英國網路行銷機構Verve Search的調查數據顯示，在全球白手起家的億萬富翁中，有四分之一沒有大學學歷。自學能力是成功有錢人的最大共通點，如同史蒂夫・西博爾德所提到的，這些成功人士擁有卓越的自學能力，他們不僅學得快，而且渴望不斷擴充自己的學識。

即使擁有碩博士學位，現代社會中，隨著產業模式的根本性轉變，自學能力成為人們最強大的競爭力。特別是在前所未見的疫情大流行中，我們被迫放下過去的知識，快速學習新事物以在未知的環境中生存。學力已經變成生存的必要條件，而且必須快速且靈活地學會新的知識。學習敏捷性指的是在任何環境或條件下都能靈活實踐所學的能力。擁有高學習敏捷性的人會持續追求新的挑戰，積極尋求反饋，透過反思經驗來享受學習和成長，並以此基礎打造實際且實用的成果。

相對於其他學習方式，能夠即時學習並應用的學習敏捷性可以透過閱讀快速培養。在學校所學變得無效的情況下，閱讀是一種上策，特別是考慮到在補習班所花費的時間、金錢和精力。我們應該學習富人，依靠閱讀來自學並實用所學。

讓自己一天比一天變得更聰明

張錫鎬是備受美國評論家和美食家喜愛的明星主廚，他的「桃福（momofuku）」餐飲品牌不僅獲得了米其林指南的二星推薦，在全球經營著二十多家餐廳、咖啡廳和酒吧。就如同「白種元」一樣成為某種象徵，張錫鎬以他深受大眾喜愛的料理手藝多次獲得被譽為餐飲界奧斯卡金像獎的美國「詹姆斯比爾德基金會大獎」殊榮。當被問及他的成功祕訣時，他給出了以下回答：

「不要去念餐飲學校。」

因為餐飲學校等私人企業往往販售一種幻想，即只要畢業就能成為廚師，實際上並沒有太大的幫助。相反地，他建議選擇進入一般大學就讀，培養廣泛的視角，學習以更寬廣的視野思考世界的能力。他甚至強調：

「多看點書吧。」

無論是金錢、前途，或是技能的提升，若要透過投資賺錢、守護財富甚至實現財富增值，都需要做出謹慎的決策，並動員所有智力來深思熟慮。要使身體內在的知性機制順暢運作，不斷地閱讀更多、瞭解更多、學習更多是不可或缺的。閱讀在這樣難得的良性循環中扮演引導的角色。對於這種奇蹟，巴菲特也曾表示：

「學得越多，收穫越多。（The More You Learn, The More You Earn.）」

巴菲特甚至親切地分享了為了更聰明而學習的具體方法，他稱之為「每天都更聰明一點入睡」，認為達成更聰明入睡的途徑在於閱讀和思考。

「我經常閱讀和思考，這使我能夠比其他商人更謹慎，不做出衝動的決定。」

是的，即使不能像巴菲特每天閱讀五百頁那樣，但只要完成今天的閱讀，你就比昨天更聰明，而明天也會比今天更聰明。閱讀越多，你就越能避免衝動的決策，進而更接近致富之路。

根據腦科學家的解釋，當我們翻開書的瞬間，大腦會為了理解文章脈絡而開始運作。各處儲存的記憶和背景知識等相關區域被啟動，整合相關感官訊息的區域也因此活躍。據說在閱讀過程中，大腦會持續發生這種作用。

閱讀不僅讓我們獲取情報和知識，還能透過視覺帶來的新訊息，與腦中儲存的舊訊息進行比較和推論，甚至引發之前未曾思及的觀念。總的來說，閱讀能讓大腦達到最高活躍狀態，因此每次閱讀都會使我們更聰明，閱讀實際上是最佳的腦部運動。

閱讀能培養思考能力

《操盤快思╳投資慢想》作者羅伯特・海格斯壯（Robert Hagstrom）針對大學期間只讀寫人文經典，畢業後卻進入投資領域的聖若望大學畢業生的大學生涯做出如下評論：

「在大學裡，最棒的學習不是關於如何成為更優秀的貿易商、投資銀行家、資產管理專家或分析師，而是關於如何成為更具思考力的人。成為更懂得思考的人，能夠在工作中取得更卓越的成就。」

閱讀能在實際投資時發揮什麼效力呢？本身畢業自聖若望大學的

IPC Acquisition 首席副社長唐・貝爾（Don Bell）如此表示：

「為了描繪更廣大的藍圖，必須放眼更遠的地方，這樣才能更自由地思考。若缺乏思考的能力，就會一再損失資金。」

以「創新」白手起家的成功祕訣

美國經濟學者伊曼紐爾・賽斯（Emmanuel Saez）教授指出，美國十大富豪中有八成來自數位經濟領域，相對於富二代，他們更能快速累積財富。在數位經濟中，勝出的是「創新的富人」，而創新就是以新方式思考，也就是必須運用全新的思考模式。這種新思考模式並非僅是尋找已知答案，而是創造世界上尚未存在的解決方案，以及產生新價值的能力。成功創新的富人們，其成功與他們「有多會思考」息息相關。面對像新冠疫情這樣的災難，或是由技術進化和生活模式改變所引發的新問題，這些都無法單純用現有知識解決，而必須透過新的思考方式。新思考方式需要新的洞察力，而閱讀在培養洞察力方面發揮了極大的作用。書籍能分享各種人物的獨特故事，並在過程中激發大腦進行新的思考。

以偉人爲師的學習法

「所謂有錢人，就是在經濟與精神面都能享受自由，隨時都能做自己想做的事，無論不想做的事情是什麼，都能不用做的狀態。」

這是 SNOXFOX 餐飲集團金勝鎬會長的說法。金勝鎬會長主導的核心事業是 SNOXFOX 便當，其韓式飯捲在美國八個州的一百五十多家賣場中廣受歡迎，是一個極具知名度的品牌。這個成功的故事始於其進駐「克羅格」（Kroger）賣場的一刻。金勝鎬會長的策略不是試圖說服克羅格，而是以誘惑為手段：

「韓式飯捲便當將成為克羅格獨家品項，這樣克羅格就能在流通市場中佔領先機並穩坐龍頭。」

假設你是克羅格的負責人，光是這個前所未見的魅力商品韓式飯捲便當就引起極大興趣，再加上獨家供應的優勢，無疑將提升競爭力，實現一石二鳥的效果。然而，這個好點子一旦被其他公司搶先，可能就會讓人感到焦慮。於是，克羅格負責人可能會迅速採納這個方案，讓韓式飯捲便當快速進駐賣場。金勝鎬會長在某個廣播中分享了這個故事，當被問及類似讀心術的能力是如何培養的時候，他表示：

「要知道怎麼用不同角度去看，如果想這麼做，就要多看點書。」

金勝鎬會長從小就注重觀察他人的事業，並思考「換作是我會怎麼做」的問題。他強調，擁有以不同角度看待事物的能力，正是因為他讀了大量書籍。即便在能夠迅速獲取正確情報的網路時代，書籍仍然是金勝鎬會長生活中最有價值的工具，因為它們提供的隱密情報是網路所不及的。

四千億富豪的偉大導師

金勝鎬會長直言不讓：「不是每個人都能靠閱讀變成有錢人！」他強調，成功的人並非特別非凡，而是平凡人將平凡事做得非凡。換言之，要把閱讀這件平凡的事做得非凡，才能成為有錢人。金勝鎬會長視閱讀為「以偉人為師的學習法」，認為我們能將他們留在書中的內容轉化為自己的思考。

「如果把書中觀念照單全收，就沒有容納自己想法的空間了。照抄內容的人很多，特別是比作者更熟書籍內容的人更危險。我們應該要站在巨人肩膀，透過他的幫助去看世界，可不能被巨人的重量給壓垮。」

　　儘管他的書房擁有數千本藏書，但要真正走上成為有錢人的道路，必須理解書中的內容、進行分析，並提出自己的問題。依據他的經驗，閱讀若不質疑也不提問，再怎麼讀也僅是一種死板的閱讀，多讀也難成為有錢人。

　　金勝鎬的閱讀方式如下：當遇到感興趣的主題或作者時，他會購買相關書籍。每月購入二十多本書，平均每本書約三百頁，他能在兩到三小時內迅速閱讀完畢，同時在書中畫重點並註記自己的想法。閱讀後，他會回顧畫重點和註記的地方，將其轉化為資料。金勝鎬會長強調，資料化並理解內容同樣重要如閱讀本身。他主要在散步時回想書中發現的主題和觀點，再從自己的角度重新思考。深度思考是內化書中內容的必要步驟，而散步則提供他盤點這些思考的時間。

有錢人閱讀時不會漏掉的事

　　「運七技三」這句話大家或多或少都聽過吧？不論在任何事情

上，七成依賴運氣，三成則取決於實力，最終還是運氣佔據更大的比重。越是成功的有錢人，運氣似乎越好，金勝鎬會長也被歸類為這種類型。

「有很多幸運的事，擁有良好的家庭也是其中之一，能在優越的環境中工作也算是一份幸運。其實我認為幸運是公平地降臨在每個人身上，只是每個人對於何謂幸運的看法不盡相同罷了。」

他強調，培養辨識幸運的眼光最需要的是閱讀。他同時認為，留給兒子的最佳遺產就是閱讀，因為閱讀能力的核心是獨立思考，而只有懂得如何閱讀的人才能具備獨立思考的能力。以下是金勝鎬會長建議大家閱讀的理由：

「雖然我沒有讀過太多書，但能夠繼續生存下來，全因擁有獨立思考的能力。無論進入哪所學校，從事哪一個職業，獨立思考始終是最重要的。透過閱讀獲得思考能力，無論面對什麼樣的困難或失敗，你都能堂堂正正地重新站起。閱讀是為了實現夢想而努力的基石。」

富人透過策略性閱讀培養思考力

有人在讀完金勝鎬會長的著作《賣飯捲的CEO》後，下定決心要學習如何成為有錢人，並主動拜訪金勝鎬會長，而這位決心學習的人正是崔凱莉。崔凱莉讀完會長的書後向他拜師，並根據所學在巴黎開始經營韓式飯捲便當事業，最終取得了成功。儘管有許多描寫成功經驗的書籍，讀者決定效法作者的例子也不在少數，但像崔凱莉這樣真正取得成功的人卻並不多。那麼究竟在哪裡出現差異呢？

在社群媒體上，雖然有很多人會炫耀自己「一個月或一年讀了多少本書」或「讀過這些書」，但有錢人對於這種炫耀卻不感興趣。他們專注於閱讀致富的策略，儘管在這個策略中閱讀量是必要的一環，但僅僅擁有閱讀量還不足夠，更重要的是將閱讀內容活用於工作與生活，並能夠證明其價值。這正是策略性閱讀的充分條件。

眞閱讀VS假閱讀

如果要將閱讀轉化為財富，必須進行有計畫的策略性閱讀。我對策略性閱讀的定義如下：

「在閱讀的每個過程中，活用現有知識，辨識並判斷書中哪些內容是重要的，進行綜合整理和推論的一系列閱讀工作。」[1]

雖然閱讀本身不能成為成為有錢人的核心策略，但模仿有錢人的

1　啟發自《普魯斯特與烏賊》作者瑪麗安娜．沃爾夫（Maryanne Wolf）定義的「策略性閱讀的大腦」。

閱讀方式可以培養出類似的策略性思考能力。若能擁有像有錢人一樣的策略思考，成為有錢人理所當然。我稱這種策略性閱讀為「真閱讀」，它有助於實現「透過閱讀實現財富增值」的目標。

策略性閱讀是一種輸出導向的行為，因為像有錢人一樣閱讀，能夠將接觸的知識轉化為實際成果，產生成就並創造價值。

同時，它也是一種投資型行為，因為閱讀所投入的注意力、時間和金錢都將有相應的回報。只要投資，就有機會賺取回報，這正是有錢人的智慧。

讓我們得以致富的策略性閱讀，可以用一句話定義。

「讀得流暢，用得毫無顧忌。」

對致富沒有幫助的「假閱讀」

社群媒體上常見的閱讀相關認證往往只是在炫耀自己讀過哪些

書。通常僅是簡單介紹書籍，拍一些照片上傳，雖然一些人使用這樣的方式來宣傳，但實際的收益卻僅止於作者。這種行為更像是在宣傳書中作者的思想與主張，有些人可能僅僅是從複製書中的內容四處張貼以取悅自己。就如同有些人相信猴子如果無限敲打打字機總有一天也會成為莎士比亞一樣，我們經常聽到有人說讀完某本書卻無法理解其內容。當這種內容在社群媒體中泛濫，即使不記得書的內容，也可能感覺自己讀過該書十次。當有朋友點讚或送愛心，讀者更可能更努力地去模仿這樣的宣傳技巧。

值得一提的是，有錢人通常不會花時間參與這種行為，因為他們認為分享閱讀經驗的時間太過昂貴。我將這種閱讀方式稱為「反正就是看書」。與專注於閱讀內容不同，這種方式更注重閱讀經驗本身，甚至將閱讀視為一種娛樂或炫耀的方式。然而，這樣的閱讀方式與致富的策略相去甚遠，可以說是一種虛假的閱讀。

請不要誤解，我並非認為將閱讀視為興趣、樂趣或進行炫耀是不正確的，而是這樣的閱讀方式並不是能夠實現成為有錢人的策略性技術。如果你的目標是從閱讀中獲得興趣或樂趣，那麼「反正就是看書」可能確實是一種有效的方法。

「讀得流暢，用得毫無顧忌」的策略性閱讀

假閱讀通常是一種輸入型的行為，例如購書回來收集閱讀經驗與炫耀。這種僅僅致力於廣傳書籍內容的行為，無法透過閱讀進行有意識的學習，讀者無法成長，也難以培養出策略性思考的能力。這樣的假閱讀是一種消費型的行為，因為無法回收閱讀所投注的關心、時間與金錢。不僅難以賺錢，甚至這些寶貴的資源都可能被消耗一空。若想像

反正就是看書	能夠致富的閱讀
日常活動	成爲有錢人的策略行爲
簡略、馬虎地讀	全心專注閱讀
當成興趣	當成工作
集中於閱讀經驗的輸入型	集中於讀完要活用的輸出型
消費型／消費關心、時間、金錢	投資型／投資（關心、時間、錢）創造收益
假閱讀	眞閱讀

富人一樣將閱讀轉化為財富，就需要從輸入型轉變為輸出型，從消費性閱讀轉變成投資性閱讀。

懂得如何閱讀，才能學習

根據谷歌的調查，這十年來取得卓越成果的職員中，相較於主修電腦工程或具有相關知識的人才，那些具備合作意識、創意和溝通能力的人更容易獲得成功。谷歌在招募新職員時曾錄取了近八成主修人文領域的人才，當時的副總裁梅麗莎・安・梅爾（Marissa Ann Mayer）強調「開發易於使用者利用的技術，懂得觀察並理解人心和懂技術一樣重要。」

據說美國企業不傾向錄用企管研究所MBA與經營學系出身的人。《華爾街日報》指出，儘管經營學系相當熱門，占美國大學生的選系比例近兩成，但企業更傾向於尋找具備創意的人才，對該科系的學生興趣缺缺。這些企業抱怨經營學系的畢業生過於注重積累金融會計方面的具體知識，卻缺乏人文素養。美國企業認為這些畢業生在課堂上雖然強調具體知識的累積，但卻鮮少透過寫作或討論課培養批判性思考及問題解決能力。這也意味著，這兩項能力是左右企業生存與否的重要條件。《富比士》雜誌曾刊登報導支持這項說法，指出在美國成功的新創CEO中，有三成以上主修人文學系。主修人文學系的人之所以優勢突出，是因為創業需要直接面對不確定的狀況並靈活思考，而在大數據時代，更需要具備人文洞察力。

習得快速學習能力的方法

根據美國大學聯合協會的資料，約有百分之九十三的雇主認為，相較於主修特定科系，擁有批判性思考、明確溝通和解決問題的能力更為重要。這也解釋了為何企業偏好人文學系的原因。以下是支持這論點的實際研究結果。聖荷西州立大學經營學系的教授藍道爾・斯特羅斯（Randall Stross）追蹤了史丹佛大學人文學系學生與矽谷成功案例，並找出了成功的祕訣。研究結果顯示，在資訊過量的時代，人文學系的畢業生能夠以優秀的邏輯推理能力，並在各種利害關係人之間展現卓越的溝通能力，因而獲得卓越的成就。人文學讓他們具備了「快速學習」、「歸納龐大資料的能力」、「良好的溝通技巧」和「批判性思考」等能力，並藉此在矽谷取得成功。

斯特羅斯教授強調，人文學科的閱讀，比學科知識本身更加重要，因為它能培養獲取知識的能力。透過瘋狂閱讀和寫作，學生能夠培養快速學習的能力，這也是主修人文學的學生取得成功的祕訣。他指出，這種能力在長時間的實踐中獲得了證明，同時也是為未來做好準備的最實用方法。

矽谷的富人們都主修什麼科系呢？

在矽谷誕生的許多富有人士多半是主修人文學系或擁有高度人文

素養的人。其中，有「商用臉書」之稱的領英（LinkedIn）創辦人里德・霍夫曼（Reid Hoffman）取得哲學碩士學位；YouTube執行長蘇珊・沃西基（Susan Wojcicki）主修歷史與文學；通訊服務企業Slack的創辦人斯圖爾特・巴特菲爾德（Stewart Butterfield）主修哲學；世界最大的共享住宿平臺Airbnb的創辦人布萊恩・切斯基（Brian Chesky）則主修美術。就連阿里巴巴的創始人馬雲在大學時也主修英文。

根據對美國IT企業創辦人主修科系的哈佛與杜克大學研究小組的調查，工程和電腦技術佔了37%，數學佔了2%，而其他主修科系包括經營、會計、保健、藝術、人文等多元領域。儘管主修科系各異，但矽谷富豪們普遍擁有高度的人文素養。蘋果創辦人史蒂夫・賈伯斯就曾表示：「若能和古希臘哲學家蘇德拉底共度一天，我願意把蘋果的所有技術都給他。」賈伯斯強調，人文學可以讓人擁有更高層次的能力和更開闊的視野。

四年期內只需閱讀的大學

聖若望大學在美國金融圈以培養金融機關 CEO 和分析師聞名，而這所學校也以「只閱讀的大學」而聞名。該校校長帕納約迪斯・卡內洛斯（Panayiotis Kanelos）如此表示：

「成功的標準雖然因人而異，但也不能光仰賴知識獲得教育，而是要去做未來人工智慧無法取代的事情。為此，必須先擁有對人類和自然的高度理解能力，而為了獲得這份能力，我們需要人文素養教育。」

儘管這所學校有眾多畢業生進入紐約金融界，容易讓人以為這是一所著重於投資或經營技巧的學校，但實際上在四年的學習中，學校會要求學生們學習閱讀一百本人文經典並進行討論。一年級讀古希臘時代、二年級讀羅馬與中世紀、三年級讀十七到十八世紀，四年級讀從十九世紀到最新上市的書，並進行討論和寫作訓練。《框架：投資新視野（暫譯）》（Latticework: The New Investing）一書收錄了任職於華爾街的該校畢業生訪談。畢業生分享在學校獲得的收穫，包括「學習成為更好的思考者（thinker），擁有更寬廣的世界觀」，以及「尋找問題的根源，並從中得出自己的結論」此一過程的重要性。

閱讀的力量，就是致富的力量

即使是難以每天抽出一小時或半小時閱讀的有錢人，也會挑選閱讀人文經典，涵蓋文學、歷史、哲學、心理學以及藝術領域的書籍。那麼，要如何透過這些內容來邁向致富之路呢？美國教育學家雷伊・波丁斯（Leigh Bortins）指出，閱讀人文經典的人文學閱讀方法是一種讓人能全面學習的技巧。

在中世紀，人文學被分為三個學科，它訓練人們如何熟悉某個領域中特定使用的基本詞彙和概念（文法），以事實為基礎比較各種想法並做出判斷（邏輯學），以及用適當的語言和文字向他人說明自己的想法和知識的能力（修辭學）。這也就解釋了為什麼要好好學習人文學。

綜合了雷伊・波丁斯的定義，人文學是一個從閱讀開始，將閱讀內容整理並用自己的語言和文字表現的整個過程，是為了深入學習某個事物的行為。因此，聖若望大學的學生閱讀人文經典，不僅僅是閱讀文學、歷史、哲學和藝術，更是將理解的內容以一篇有說服力的文章呈現並傳遞，進而成為有能力的思考者。就算是在人工智慧當道的時代，富人們也會為了理解並洞察人工智慧而閱讀人文經典。可以說閱讀人文經典的力量，就等於致富的力量。

閱讀紙本書的驚人力量

宋吉永是一位深入挖掘網路世界中人們內心情感的礦工，他比其他人更早洞察到他們的內心所追求的，並能製作出有價值的情報，因此人們經常向他詢問他是如何「預見未來」的。他分享道：

「多閱讀能擴大你的思考範圍，讓變革因此而生。如果你想看見未來，多閱讀和思考訓練非常重要。」

雖然他以挖掘網路世界為業，但他閱讀時偏好紙本書，而非手上拿著數位鋤頭。儘管紙本書無法進行搜尋或調整字型大小，但他依然對紙本書情有獨鍾。值得一提的是，有錢人們也傾向閱讀紙本書。儘管市場上提供有聲書、影片和數位內容的消費正在迅速增加，有錢人們依然堅持閱讀實體書籍。

圖片或影片中沒有的文本功能

「一定要讀紙本書嗎？電子書或有聲書呢？YouTube呢？」這是我經常被問到的問題，大家或許認為不論是紙本書還是電子書，文字或影片，只要閱讀完並將其吸收成自己的知識就好，為什麼要區分它們呢？「重要的是內容」這樣的觀點也有其合理之處。首先，為什麼一定要是文字呢？文字製作的內容並不親切，每一個單字或句子都需要仔細思考和理解，這也是為什麼我們要閱讀文字的原因。通過閱讀文本，我們在思考的過程中需要進行圖像化、推論和想像等各種心智活動。閱讀文字量龐大的書籍可以培養出更高層次的思考能力。相較之下，強調視覺和聽覺的影片觀看並不需要動腦，只需看和聽即可，無法訓練這種高層次的思考力。有錢人讀書的核心理由之一是，閱讀可以同時進行思考和學習，這或許就是為什麼有錢人偏好紙本書的原因吧。

紙本書在深度閱讀方面無可比擬

目前，我們習慣由左至右閱讀整個句子，但在網頁上進行數位閱讀時，通常以顯眼的單字為主進行跳躍閱讀。觀察人們使用電腦和智慧型手機瀏覽網頁的眼球動態，研究顯示雖然第一行會全讀，但接下來就只讀半行，最後一頁甚至只會從左邊垂直掃到最下面。這樣的閱讀軌跡形狀類似英文字母Ｆ，也被稱為「Ｆ型瀏覽模式」。在這種瀏覽習慣下，人們難以有效理解內容，再加上瀏覽網頁時常有阻礙閱讀的超連結，相較於閱讀純文本，理解力明顯下降。那麼，人們應該如何在網頁上進行閱讀呢？研究結果指出，很多人實際上並不閱讀。

如果你想效仿有錢人一樣透過閱讀致富，建議你選擇紙本書。不要只看網路新聞、懶人包、整理過的影片或有聲書，嘗試用紙本書閱讀。使用電腦或智慧型裝置閱讀可能會使你難以專注，心緒不集中。即使閱讀相同的內容，思考的深度和廣度也往往不及閱讀紙本書的效果。

閱讀能力退化＝思考能力退化

儘管動畫界大師宮崎駿導演的專長在圖片及影像領域，他仍然堅持強調閱讀紙本書的重要性。宮崎駿導演主張，雖然現在可以將樂譜放在平板電腦上，立即顯示出內容，但這樣的閱讀方式並不能真正依靠自身的力量閱讀，這種方法是危險的。對於閱讀，他認為要確實閱讀，全然理解內容，並將其內化為自己的知識。如果想要活用閱讀的力量，至少也要具備能夠輕鬆閱讀一本紙本書的能力。

許多研究結果指出，閱讀網路新聞或小說等以內容為主的簡短文本會導致閱讀能力的退化，並對思考力產生不良影響。實際上，賓夕法尼亞州立大學的研究團隊曾進行一個實驗，在一小時內提供所有受試者相同主題的文本，將實驗對象分成閱讀十篇短文組與閱讀一篇長文組進行研究。結果顯示，閱讀短文組對主題的理解力不足，腦部疲勞度也相對較高。研究團隊得出的結論是，閱讀一篇長文並進行深度思考的能量消耗較低，並能提高對主題的理解力，同時也警告閱讀短文可能導致思考能力的嚴重退化。

讀紙本書的人才具備的高級能力

挪威斯塔萬格大學的安・曼根（Ann Mangen）教授進行了一項比較電子書和紙本書閱讀的研究，結論是閱讀電子書相較於紙本書更難專注於書本內容。曼根教授指出，在將小說內的事件按照時間序重新命題的答案方面，兩者存在顯著差異。她表示這可能是因為使用電子書閱讀器（Kindle 等）閱讀時的觸感等使用者經驗與閱讀紙本書的體驗不同。她針對挪威十年級的七十二位學生進行的實驗結果顯示，讀紙本參考書的學生，不管在理解度或考試成績方面都優於讀電子版教科書的學生，並強烈推薦閱讀紙本教科書。

換個問題來看，是要聽？還是要看？還是要讀呢？如果想像有錢人一樣透過閱讀致富，那就選擇紙本書吧！有錢人通常希望閱讀更多，方法只有一個，那就是閱讀越多才能讀得越快。這不是靠速讀或其他技巧可以培養的能力，所以有錢人才如此執著於紙本書。你也可以效法他們，多閱讀紙本書。當然，簡單閱讀時可以選擇看影片或讀電子書，開車時則可以聽有聲書。雖然有錢人也常聽有聲書，但那只是用來節省時間，而不是取代紙本書。

如何培養找出人生文本的眼光

靠閱讀致富的企業家代表崔凱莉強調，若要透過閱讀賺錢，選書至關重要。以成為土地大亨為例，她建議閱讀那些由成功買賣土地致富的人所著的書籍，並在閱讀知名大學教授的土地投資相關書籍之前，先查證他們是否有實際投資土地的經驗。

不管電腦性能再好，若輸入的是垃圾資料，輸出也只會是垃圾資訊。有錢人為了得到能賺錢的輸出，會挑選閱讀能賺錢的輸入，也就是「人生文本」。在這裡，人生文本指的是寫得出色、經得起時間考驗的書籍。對有錢人而言，每分每秒都極其寶貴，因此選書的眼光變得非常重要。在韓國，每年發行近四萬本書，平均每天都有一百本書發行。考慮到已經有許多重要和急需閱讀的書籍，要處理這些新書可能需要專心閱讀十天。因此，像比爾．蓋茲和巴菲特一樣，有快速閱讀能力的願望就變得理所當然。要從眾多書籍中挑選出必讀的人生文本，就需要培養像有錢人一樣的眼光。

日本最強閱讀導師的作者介紹鑑別法

來聽聽被日本人譽為最強閱讀導師的土井英司，所分享的「作者介紹鑑別法」吧！

①關注作者的經歷與資格

「要懂得分辨他是不是用實力獲得好評。那個資格是不是付錢就能取得？那樣的經歷是不是只要參加就會給？」

不是名人或地位崇高的人的著作就一定是人生文本，要觀察他是否用學歷或資格證書掩蓋作者的利害關係，看到「向〇〇〇學習」這種表達方式時也要抱持質疑態度。

②別被形容詞騙了

「『曾於知名企業開講』這句話就是典型的例子，就算真有公司是靠某人的演講讓事業與盛並成功推出熱門商品，但實際上這兩件事大多毫無關聯。」

羅列到哪個企業開講的內容競爭會讓人眼花撩亂，因為企業開講多半都不是因為講者的內容才選他，要檢查他是在哪裡以什麼內容進行授課。

③檢查他是不是專家

「仔細閱讀作者的經歷，就能充分了解他是否具備寫出你期待內容的資格與實力。就像你無法向寵物店店員諮詢寵物疾病的問題一樣，店員只是銷售人員，而非寵物疾病的專家，寵物疾病的問題應該要去請教獸醫。」

我們無法向替總統治療鼻炎的醫師學習聲音訓練的技術，雖然鼻炎和聲音不是完全無關，但聲音訓練畢竟是獨立的專業領域。需要專業協助時，請務必確認作者的專業領域為何。

④若非該領域專家就略過吧

「自己沒有實際嘗試過的人雖然能給你建議或方法，但他無法給你要解決你問題的核心重點。」

也要記得避開試圖把個人成果普遍化的人，因為「自己很擅長」和「讓其他人也變得擅長」是兩碼子事。另外也要記得驗證他是剛好成功了那一次，還是長期以來都做得很好。所謂專家，是指長時間都很厲害的人。

運用「知行用訓評」原則選書

運用「知行用訓評」原則可以協助你更有效地挑選人生文本。這個天秤是由三星集團的李健熙會長在挑選領導人時使用的方法，用來評斷一個人對特定領域是否真正了解、具有實踐經驗、知道如何應用所學，以及了解如何教學和評價的能力。撰寫人生文本的作者通常是懂得運用「知行用訓評」的人。閱讀完一本書的作者簡介後，不妨檢視一下他是否符合這樣的特質。

知：是否擁有能解決讀者特定問題的智慧？
行：有無解決過讀者特定問題的經驗？
用：解決讀者問題的經驗多嗎？
訓：會教讀者怎麼解決問題嗎？
評：能評價問題解決方法嗎？

每天早上閱讀報紙是基本條件

巴菲特常常收購報社，很多股東抱怨現在看報紙的人已急遽減少，為什麼卻老是要投資報紙，巴菲特的回答是：

「報社的投資報酬率約在稅後百分之十，換作是其他產業，我是不會買的。」

那為什麼他還要投資衰落的報紙產業呢？巴菲特認為，雖然網路和電視發達，但地區報紙依然是最能統整並傳遞該地區情報的出處，並持續維持著它的地位。當然，他本人也很常讀報紙。

閱讀報紙是基本選項

《有錢人與你的差距，不只是錢》介紹了全球二十一位超級富豪的五個共同習慣，其中最為一致的是「每天早起讀報紙」。例如金勝鎬會長，他每天早晨也都閱讀各種報紙：從《紐約時報》、《華盛頓郵報》、《華爾街日報》、《CNN》到《福斯新聞頻道》，以了解美國時事；閱讀《金融時報》、《泰晤士報》、《路透社》，以獲取英國相關消息；翻閱《朝日新聞》、《讀賣新聞》等日本報紙，或者在雅虎日本上掌握日本時事；同時，他也透過網路新聞監測俄羅斯的動態，閱讀《環球時報》和《人民新聞》了解中國的情勢。偶爾，他也會瀏覽中東的《約旦時報》、法國的《世界報》以及德國的《明鏡》。隨後，花上兩個小時消化國內新聞。他表示，閱讀多家報紙是為了提醒自己不要只看符合個人口味的新聞，富豪們的閱讀範圍也包括報紙。

雖然以數百元訂閱報紙可能相對於一個月的 Netflix 費用來說顯得

較高，但需要考慮到這筆費用支持了經過新聞從業考試的專業人士，他們為了報導新聞四處奔波，成果最終被刊登在紙上並送到家門口的服務。這份價值絕對不會遜色於一個月 Netflix 的訂閱費。報紙的吸引力在於其是許多新聞記者共同打造的，提供多元且深入的內容。

有錢人閱讀小說的眞正理由

在某次感恩節曾經，比爾・蓋茲推薦了一份「適合假期閱讀」的書單，裡面包含了三本小說。令人驚訝的是，其中一本就是《大亨小傳》，這本書改變了他的人生。他第一次閱讀這本小說時只有十幾歲，之後又重讀了幾遍。作為一位繁忙的超級富豪，他推薦小說的事實確實有些出人意料。儘管有錢人通常偏好閱讀財經、管理或人文經典等非虛構類型的書籍，但他們也對虛構故事情有獨鍾。比爾・蓋茲表示：「好的小說能讓我擺脫自己的思維，引導我進入他人的思維，也能透過小說學習這個世界。」

至於傑夫・貝佐斯最喜歡的小說，則是二〇一七年獲得諾貝爾文學獎的作家石黑一雄的作品《長日將盡》。貝佐斯分享過他閱讀後的感想：「在過去十小時裡，我經歷了不同的人生，學到了與人生及後悔有關的東西。這是在部落格寫文章所無法達到的。」

另外，巴拉克・歐巴馬（Barack Obama）前總統曾經是世界最高領導人，每一刻都承受巨大壓力。他經常閱讀英國文豪莎士比亞的作品，透過這些作品，讓自己從淹沒自己的事務中抽離，並更客觀地看待這些事情。此外，他也閱讀過一些規模龐大的科幻小說，享受在白宮中的小確幸。

閱讀文學作品有助於致富嗎？

美國紐約新學院的心理學研究團隊指出，隨著人工智慧技術的發展，要培養共情、社會感知能力和開發感性智能，最有效的方式之一是閱讀文學作品。英國西敏大學的克莉絲汀・賽福德（Christine

Seyford）教授也主張，企業應該投資讓員工閱讀小說。閱讀文學作品，尤其是小說，能提升難以評估的自制力、創造力、共情能力和學習能力等素養，對企業經營有所助益。她進一步提出的研究結果也指出：閱讀小說並針對內容進行討論，能夠提升使用共同語言進行溝通的能力。

如果有人請馬克・祖克柏推薦書籍，他總會推薦《微權力》為必讀書籍，但這本書的作者莫伊塞斯・納伊姆（Moises Naim）卻這麼說：

「不要讀像我這種非虛構類書籍，去讀小說吧。」

莫伊塞斯・納伊姆認為小說是引導讀者進入新世界的理想入門書籍。

我也會閱讀報紙，調整自己的思維，避免變得狹隘。閱讀新聞報導時，無論喜好或厭惡，都會引發某種感情、想法和見解。隨後，我會好奇其他人如何看待同一篇新聞，於是會翻閱該報社網站下的留言。當我遇到與自己看法相同或不同的意見時，我會重新調整或加強自己的觀點。這些活動也有助於保持對長文的理解力。

有時當我過於投入寫作，感到自己忽略了閱讀，我會轉向閱讀小說。我會先一口氣讀完像是妮蕾・奈豪斯（Nele Neuhaus）這樣的推理小說，這有助我找回閱讀的節奏，然後再繼續閱讀我本應該閱讀的書籍。

放假時該做的事就是閱讀

綜合多位富人研究者的結果顯示，有錢人多半在凌晨閱讀。但為何偏偏是在清晨呢？這個問題可能被誤解為「想要成功就必須在凌晨閱讀嗎？晚上閱讀就不行嗎？」因此，要找到確切答案並不容易。有錢人選擇在凌晨閱讀是因為他們將閱讀視為極為重要的工作，並將最重要的工作排在需要優先投資時間的順位上。因此，我們可以將凌晨閱讀這件事，解釋為有錢人將閱讀視為首要任務的一部分。這意味著，對有錢人而言，閱讀與工作同等重要，而凌晨閱讀就如同他們的工作時間。

休假才是閱讀的最佳時刻

那些連呼吸都能賺錢的超級富豪，度假時又是怎麼安排的呢？也許你此刻正在想像超級富豪以奢華方式度假的場景？但對於們來說，奢華的休假一定會包括一件事情，那就是閱讀。

他們會將暑假視為閱讀的時間，因為一般情況下，他們很難抽出長時間來閱讀。如果有了暑假，他們會把握機會，專心閱讀那些必讀或心儀已久的書籍。就連總統們也會在暑假閱讀，並在閱讀後推薦書單。就像三星經濟研究所評選的「適合暑假閱讀的十本書」也常在假期中受到關注報導。我們或許無法複製有錢人的奢華假期，但若能度過一段專心閱讀的假期，也同樣不遜於他們。試著想像富人在海灘或寧靜的山間度假勝地閱讀書籍、享受假期的情景，如果你也閱讀並享受假期，那就與他們並無二致。

全家出遊時，像有錢人一樣閱讀

十九世紀時，英國維多利亞女王每三年會下令高階管理層進行「莎士比亞假期（Shakespeare vacation）」，即一個月內只能閱讀莎士比亞的作品，並且是有薪休假。這個概念源自十五世紀遠東地區的「賜暇讀書」，其中一位國王是世宗大王。賜暇讀書指的是高官在家閱讀並休養，同時仍領取薪資。世宗認為大臣們因為政務繁忙而沒有時間閱讀是一件遺憾的事情，因此他說：「不要來集賢殿工作，在家專心閱讀並呈現成果，不要辜負我的期待。」世宗會給予短則一個月、長則數年的休假，但當然，為了達成他的期待，他們也必須完成龐大的課題。

在即將到來的暑假或長假，不妨選擇度過一個「成為有錢人的閱讀假期」？若能將整個假期用於閱讀，那你必將相當富有。閱讀假期是培養閱讀習慣的極佳方式，不妨一試！

①**收集該看的書**

談論特定主題的幾本書，或是這段時間買來都沒看的書也好，把至少要看完的書都收集起來吧。

②**制定閱讀時間**

就像要出門上班一樣，在訂好的時間內就只能看書。

③**決定閱讀場所**

不管是客廳或書房，又或是星巴克，在設定好的時間到指定場所閱讀吧。

④**一次看一本書**

接著就看書吧，只要專心看書就好。

⑤**請看到最後**

冷靜地逐頁閱讀就像追逐一部連續劇一樣，能讓人逐漸產生趣味，不知不覺中就讀到了最後一行。隨著完成的成就感和那份愉悅，這次的假期也宣告結束了。

培養知識戰鬥力：深度閱讀的意義

「起床到睡著之前，一年三百六十五天，每日不分晝夜地工作。」

這是伊隆・馬斯克說過的話。他一度考慮要放下事業，正式轉職為全職網紅，不免讓人感歎「到底有多累才會這樣想……」。伊隆・馬斯克是擁有超過三千億美元資產（截至二〇二一年年底）資產的世界首富，光二〇二一年一整年，他的財產總值就增加了一千億美元。

即使是這樣有錢的人，現在也每天閱讀兩本書。PayPal 支付服務、特斯拉電動車、火星開發企業 Space X……要把伊隆・馬斯克開創過的事業填寫在「革新教科書」的第一頁都填不完。他公開表示，這樣的投資成果讓他養成了一有新點子就去找書的習慣。專家認為，馬斯克之所以能成為有錢人，是因為他擁有展望未來的想像力和實驗精神，而這些都是閱讀所培養的。馬斯克本人也深信這一點。

無論是投資、高年薪，還是實現夢想，成為有錢人都是在智識領域的戰爭。在這場戰爭中，獲勝的最強武器就是知識戰鬥力。所謂的知識戰鬥力是指能夠運用智慧獲取所需事物或成果的力量。這個概念來自於日本生產力分析師山口周的《哲學是職場上最有效的武器》。閱讀是培養知識戰鬥力的核心方法，它能夠培養並極大化所需的思考能力。培養知識戰鬥力的有錢人閱讀，也被稱為深度閱讀（Deep Learning），這種閱讀方式是讀得深入、思考深刻，並提出見解。

美國阿斯朋研究所舉辦的經理人年會在開始的三個月前，要求參加者必須先閱讀超過五百頁的資料，這些參加者需在年會一週內閱讀哲學經典。如果閱讀能力不足，即使能參加年會，也無法達到預期目標。

亞馬遜獨特的會議文化也很有名，所有會議開始後三十分鐘內必須閱讀完敘述型報告，若沒有任何疑問，會議便會結束。在亞馬遜工作過並體驗這種企業文化的金泰江也指出，隨著職位的升高，閱讀能力也相對提高。這證明在智識戰爭中所需的閱讀能力，就是深入閱讀、深思且能提出見解的閱讀方式。

深度閱讀是培養自身思考能力的閱讀方式，透過批判性思考理解並接受各種知識，並將其與個人經驗及知識結合以獲取成果。這種閱讀才是有助於致富的真閱讀。

有錢人在閱讀時不會做這3件事

日本企業家新井直知是日本最頂尖的執事，專為數百位全球富豪與企業家提供管家服務。他在富豪身邊停留二十四小時，負責操辦所有日常生活和工作上的事務，無論是日常起居還是工作上的瑣事，全都由他一手包辦。他將在與富豪共處時所觀察到的習慣彙整成書，其中有這樣一句話：

「富有的人在非核心業務上都是用金錢買時間解決的。」

這句話的意思是，只要有他人可以替代完成的事情，他們一定會聘請其他人代勞。對於他們來說，最珍貴的並不是汽車、名牌、別墅或遊艇，而是時間。富有的人願意用金錢購買時間，因此他們將這寶貴的時間用在親自閱讀上。

閱讀沒有「簡單速成」這回事

這是貝佐斯曾經寫給股東的信中的一段話：

「我朋友最近試著挑戰最完美的倒立，雖然他非常努力，但最後失敗了。於是他找了一位教練，教練在第一天就說，很多人以為只需努力練習兩週就能學會倒立，但實際情況並非如此。這需要經過長達六個月的努力練習，若以為只需兩週就能學會，那麼在兩週後很可能就會放棄。越高的目標，越需要現實與合理的信心。」

卓越的成就只有透過現實可行的方法才能實現，就像美國記者亨利・路易斯・孟肯（H. L. Mencken）所說的，依賴不可能之事的結果只會尋找捷徑。所有捷徑都與迷信相關，迷信讓所有不可能的事情看起來變得簡單快速，甚至呈現出容易達成的假象。

事實上，如果真的有心，閱讀一本書並不難。利用速讀技巧，一天閱讀一本書也可行。因此，有許多地方教授簡單快速的閱讀技巧，這也證明了很多人希望能輕鬆快速閱讀。用這種方法閱讀也不錯，在社交媒體上炫耀比其他人更早掌握、以神祕方式學習的閱讀捷徑，也可以帶來許多樂趣。

然而，這種閱讀方式即便耗費大量金錢、時間和關注，也無法達成成為富豪的目標。這不是因為你的想法有問題或能力不足，而是那些激發期望不切實際目標的人所應負的責任。因為當你相信與實際不同的目標，其實最終目標就會變得更加遙遠。

發揮知識戰鬥力的有錢人閱讀法

若想像有錢人一樣透過閱讀致富，就需要採取特殊的方式。要有效運用閱讀來積累財富，必須採用特定的策略。要像有錢人一樣進行深度閱讀，發揮知識戰鬥力的有錢人閱讀方法有以下三種：

①不賒帳

閱讀應該是深入且充滿思考，需要認真一行一行地閱讀，只有這樣才能真正理解內容。透過瀏覽、摘錄閱讀或速讀等方法是無法正確理解內容的。培養有錢人所需的知識戰鬥力，絕不是一件可以賒帳的事情。

②沒有捷徑

培養知識戰鬥力的閱讀若只是假閱讀，根本無法啟動這扇門。閱讀後的思考和內化是沒有任何捷徑可走的必要步驟。若真的存在這樣的捷徑，有錢人何需花費寶貴的時間每天投入一小時閱讀呢？要靠閱讀致富是沒有捷徑的。

③不能外包

有錢人不會讓其他人代替閱讀，是因為閱讀的效果僅對自己產生影響。在閱讀過程中，所發生的所有奇蹟與神奇都是由閱讀者本人承擔的。因此，超級富豪們都親自閱讀，因為成為有錢人的閱讀之路無法外包。

有一個故事是這樣的，高宗看著打網球的官員，問他為何不讓別人做這麼辛苦的事情。如果有辦法不親自做而讓他人代勞，超級富豪是絕對不會親自閱讀的。谷歌的史密特總裁在畢業典禮上建議大家，與其使用數位設備，不如閱讀。因為人生中最重要的事情越需要透過閱讀思考獲得洞察力。

這段探討了「成為能創造財富並保值增值的有錢人閱讀的兩百年

祕密」，總結為「有錢人閱讀到極致」，而且有錢人的閱讀能將投資收益推向最高峰。因此，拼命閱讀是真正的策略性閱讀，需要稱得上閱讀理解力的情報處理能力。

PART 3

培養尋找書中財富的閱讀理解力

「說說你在吃什麼吧，這樣我就能猜出你是什麼樣的人。」

——布里亞．薩瓦蘭（Brillat Savarin）

「說說你在看什麼書吧，這樣我就能猜出你是什麼樣的人。」

——宋淑憙（冊士）

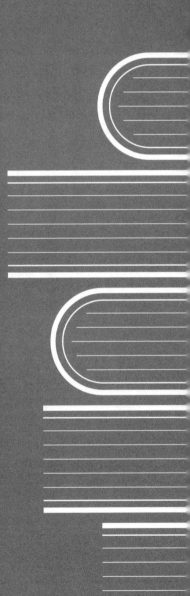

巴菲特也忌妒的無限學習者切斯基

喜歡旅行的人對共享住宿平臺 Airbnb 應該不陌生。儘管 Airbnb 企業市值超過三百億美元，一下子就超越希爾頓酒店等飯店巨頭，但同時也是新冠肺炎疫情影響最嚴重的公司之一。然而，Airbnb 卻逆勢而上，再度引起矽谷的關注。在二〇二一年第三季度，他們的收入和淨利分別比去年同期增長了67%和280%，這種成績超乎市場預期，令人矚目。專家們對這樣的突破讚譽有加，認為這是「在疫情流行期間改變思維所帶來的成果」。

因學習能力而成功的人

Airbnb的創辦人兼CEO布萊恩・切斯基（Brian Chesky）當初是為了籌措房租而開始出租家中空房。在創業初期讓他曾陷入負債危機，甚至不得不靠組裝麥片盒勉強維持生計。但在不到十年的時間內，他將這些負擔轉化成了機遇。

大多數專家認為，他能取得這樣的成就是因為他非常願意學習。當公司開始以驚人的速度成長時，切斯基開始感受到自己能力的極限，於是尋求各個領域的專家並向他們學習。他向迪士尼的勞勃・艾格（Robert Iger）學經營之道，向臉書的馬克・祖克柏學習社群媒體，向蘋果的強尼・艾夫（Jony Ive）尋求設計建議。在與巴菲特的會面中，他對巴菲特簡約的辦公室感到驚訝，沒有股市行情表，甚至沒有電視，更令他震驚的是發現巴菲特幾乎整天都在閱讀。後來，切斯基將這個感動和啟發的故事分享給了公司的員工。

「相較於被他人的責難或批評所影響或動搖，擁有自己的主觀意識和想法更加重要。」

讓切斯基變成無限學習機器的閱讀

持續關注 Airbnb 創業與初期狀況的矽谷投資人兼領英創辦人里德・霍夫曼認為，切斯基之所以能取得驚人的成就，是因為他同時具備了好學的心和將所學運用到實踐中的能力。

「切斯基最大的優點就是學習，他就像是學習機器，會不間斷閱讀和研究，我們都叫他無限學習者。」

里德・霍夫曼在評估要投資的企業創辦人時，都會觀察對方是否像切斯基一樣善於學習。他認為讓切斯基成為無限學習機器的關鍵在於閱讀。切斯基採取了獨特的學習方式，那就是一邊閱讀書籍，一邊所學內容寫下來整理，與他人分享並創造新價值。他樂於接受他人的建議，並將其內化成自己的知識。切斯基通過撰寫和分享這一系列行動來強化這個學習過程，這些做法讓他取得了驚人的成就。這種將閱讀轉化為財富的能力被稱為閱讀理解力。切斯基展現了善於學習和運用閱讀理解力的有錢人典範。儘管許多人閱讀書籍，但無法將閱讀和致富的過程相連，這是因為他們沒有將所學內化為自己的閱讀理解能力。

讀得流暢，用得毫無顧忌

以《華爾街日報》專欄作家身分，寫了十年以上金融投資相關專欄的摩根・豪塞爾（Morgan Housel）在從事清潔工作時，深入探討了兩個截然不同的財富命運：一位從清潔工成為億萬富翁，另一位卻在一夜之間從百萬富翁變成破產的投資人。這引發了對於兩者命運決定性因素的思考。他指出兩人結局的差異並非源於財務結果或是才華、努力、學歷等方面的直接關聯。相反地，他發現財富積累更受心理面向的影響，比起科學或數字方面更為重要。他得出結論：後者的影響更為深遠。

「若想瞭解人們為何會在債務中掙扎，不應該去學習利率，而應該學習關於貪婪、不安、樂觀主義的歷史；若想瞭解投資人為何在熊市賣掉資產，不應該去學習如何估算未來的預期收益，而應該學習守護你的家人。」

以靈活判斷力爲基礎的高度解讀力

摩根．豪塞爾所提到的影響理財心理的能力──學習、觀望、思考──都能以閱讀理解力概括。

閱讀理解力指的是對文章、資料或書籍進行完整閱讀並理解，然後能用自己的語言表達所理解的能力。類似概念還包括解讀力，它是指閱讀後分析並理解文章的能力。而閱讀理解力則包含將所理解的內容應用的部分。根據經濟合作暨發展組織（OECD）的觀點，能夠解決工作和日常問題並完成任務的能力就是閱讀理解力。

日本國立情報學研究所的新井紀子教授團隊開發了一個能夠考上

東京大學的人工智慧，並實際讓它參加入學考試，但最終以失敗告終！經過四次重考後，他們放棄了讓機器人考上東京大學的計畫。新井紀子教授做出以下結論：

「機器人無法考上東京大學是因為它的解讀能力不足，機器人無法處理需要先理解意義的情況。涉及高度解讀能力、常識和人類特有的靈活判斷力的事情，是機器人無法辦到的。」

新井紀子教授強調，在人工智慧活躍了二十年之後，不會被淘汰的職位共通點就是溝通和理解能力。若不想輸給人工智慧，必須擁有高水準的解讀能力。新井紀子教授所言的「高水準解讀能力」即為閱讀理解力。在人工智慧時代，具備處理文章能力的價值依然存在，而閱讀理解力更是所有學習的基本能力，因為將閱讀內容讀完、思考並應用是非常重要的。畢竟，文本和文章是傳遞知識最普遍也最簡單的方式和工具。

最近韓國的教育節目也在討論閱讀解讀力，這已成為一股風潮。在二〇一〇年出版《讀．寫．思考（暫譯）》後，我開始以宣導閱讀理解力的角色活動。我在書中提到閱讀理解力是「獲得成功的人所擁有的DNA」，因為閱讀理解力越高，年薪和職位也越高，更能活出成功人士的生活。因此，我不斷地強調，閱讀理解力是衡量個人自尊感的準則，也是生活中不可或缺的工具。

什麼樣的閱讀足以創造改變

在擔任經濟雜誌《財星》總編輯時，經營顧問傑夫・柯文（Geoffrey Colvin）與全球眾多傑出經理人交流，從他們身上發現了共通點：他們擅長觀察一般人未注意到的事物，具有長遠的眼光，能迅速掌握大量資訊，並在需要時善用適切的信息。這些人能充分發揮「讀得流暢，用得毫無顧忌」的閱讀理解能力。

我也曾有類似的體驗。在媒體行業的工作中，發現許多優秀領導者善於把握訊息並將其內化為自己的能力。不論在何處工作，以何種方式工作，閱讀解讀力都在左右著工作表現。韓國臉書的國際商務行銷負責人徐恩雅常務以行銷和策劃者的身份，認為理解背後脈絡的能力是最重要的。而這份堅實的力量來自於她閱讀了許多書籍，因為擁有閱讀理解力，她才能夠做到這一點。

啟動閱讀理解力的3個階段

閱讀理解力是一個過程和系統，將資訊加工後輸出有意義的內容，類似電腦處理資訊的方式。要啟動閱讀理解力，需要經歷輸入、思考、輸出的三階段過程。

第一階段：輸入

輸入情報，接觸來自書或資料的內容與數據。

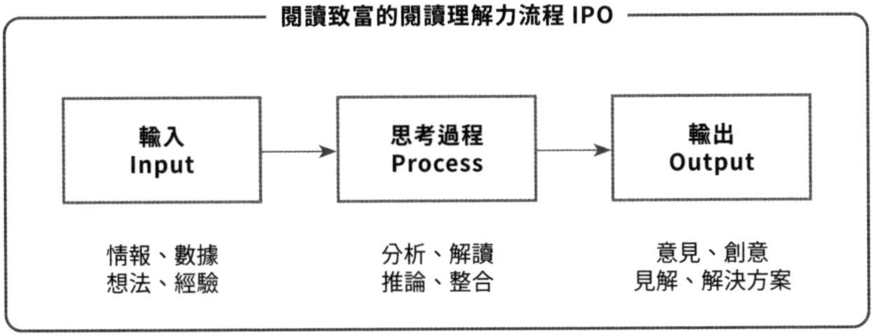

第二階段：思考過程

理解情報並進行分析、推論與整合。

第三階段：輸出

推導出意見與創意、見解、解決方案，實踐於工作與日常課題，並活用於解決問題。

爲何假閱讀讓人看了書也沒有任何改變

明白閱讀理解力啟動的機制是「輸入－輸出」，便能理解為何有些人閱讀了許多書籍，卻沒有顯著的改變。這可能是因為僅止步於閱讀的輸入階段，或者執行得不夠充分，甚至兩者兼具，這就是未善用閱讀理解力的結果。富有的人在面對問題或課題時，會收集相關知識資訊，深入理解並加以處理，最終解決問題或課題，運用「輸入－思考－輸出」的IPO流程來應對。擁有閱讀理解力的人會運用自己的思考和工作方式，進行投資以取得利潤。相對地，缺乏閱讀理解力，僅是消耗時間、能量和金錢，無法有效解讀他人的想法或利用他人的知識。

閱讀理解力最可怕的地方在於，具備這項能力的人會閱讀得越來越順暢，而缺乏這能力的人則會漸漸失去閱讀的能力。在執行某些任務時，我們把某些必要且不可或缺的元素稱為關鍵任務（mission critical）。閱讀理解力就是成為成功關鍵的重要要素之一。若處理資訊的閱讀理解能力受到干擾或無法流暢地進行思考，將對任務造成致命影響，缺乏閱讀理解力的閱讀行為將只是原地踏步罷了。

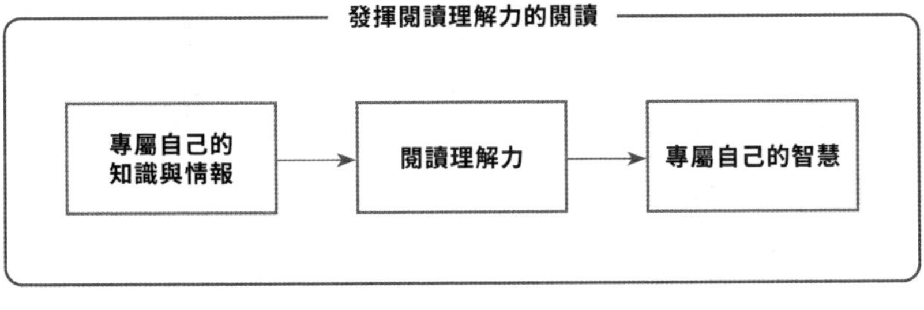

閱讀理解力的本質：讀多少，賺多少

「懂得良好閱讀的人能更善於發現事物間的相似性，使事情進行得更流暢。」

這是比爾・蓋茲提出的閱讀優點之一。他指出，具備良好閱讀能力的人通常具有強大的問題解決能力，這正是閱讀理解力所能實現的。閱讀理解力也可視為推論能力的一種形式，因為推論力是將現有知識或資訊進行比較分析，並用於解決新問題的能力。

想像有錢人一樣靠閱讀致富，關鍵在於掌握資訊、推論能力以及活用知識的能力，也就是閱讀理解力。

進一步來說，閱讀理解力代表快速把握事件核心、尋找規律，並推論出獲利方案的思考能力。這種思考能力，我們稱之為「思考腦」，它涵蓋了閱讀、書寫的文章腦、流暢溝通的說話腦、具學習能力的學習腦，以及職場解決問題並創造成果的工作腦。

新冠肺炎疫情影響下，工作腦在職場變得更加關鍵。工作方式變得不那麼重要，只要能有效達

富人腦的閱讀理解力

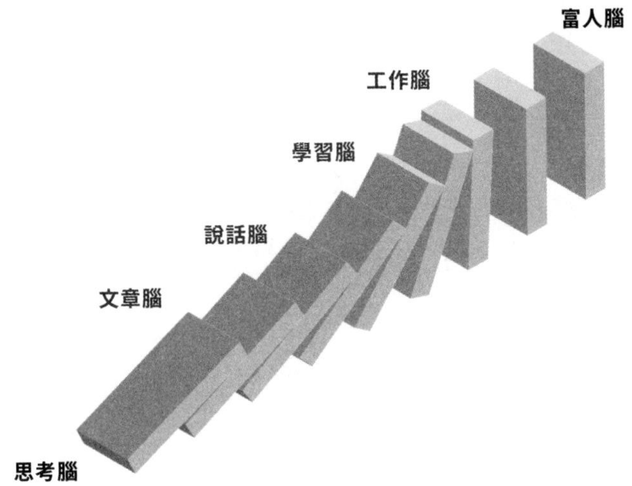

成目標，工作方式無關緊要。雇用、年薪和晉升的唯一標準是工作績效。疫情帶來許多新問題，以前可行的答案已不再適用，這時需要的是重新學習、運用和創造績效的學習腦和工作腦。這需要建立在閱讀理解力的基礎上，懂得思考的人方能達到。

閱讀理解力是情報處理能力

閱讀理解力是指發揮閱讀、寫作以及處理文章的能力，從中獲取情報或知識，並透過加工這些資訊來達成目標的情報處理能力。

閱讀理解力是讀得流暢，也用得毫無顧忌的思考能力

閱讀理解力是指能夠流暢閱讀並運用所得知識的能力。讀得流暢不僅包含批判性閱讀、理解、分析書籍、新聞、資料和數據等精煉知識的能力，還包括對人類、世界和潮流的細心洞察。而用得毫無顧忌指的是在理解、分析和推論過程中，能夠結合個人經驗和知識，產生成果，解決問題並創造價值。

閱讀理解力是思考腦的原動力

透過工作和理財創造財富、守護財富，都是思考能力在行動中的體現。若思考腦能夠有效運作，就能夠有效地接收和處理外部訊息，這也同時需要閱讀理解力的有效運作。換句話說，閱讀理解力是激發思考腦的原動力之一。

閱讀理解力是獲得成功＋財富＋幸福的富人腦引擎

閱讀理解力涵蓋了思考腦的各個面向：能夠透過語言和文字獲取所需的資訊的文章腦、能夠有效聆聽並理性回應的說話腦、將所學知識內化並應用的學習腦，以及在職場上解決問題並創造成果的工作腦。透過閱讀理解力所培養出的文章腦、說話腦、學習腦和工作腦一起作用，共同演化成為「富人腦」，而閱讀理解力就是啟動富人腦的引擎。

少了理解力，越讀越吃虧

醫師、藥師、機師、律師、會計師等職業有許多相似之處。他們需投入大量時間接受教育，通過嚴格的資格考試，並擁有豐富的專業知識，必須理解各種意義。雖然他們收入豐厚，但許多研究機構指出，這些高薪職業可能是人工智慧首先取代的對象之一。

在問題解決能力和創造力日益重要的第四次產業革命時代，那些重複性高或單調的工作可能會被機器和人工智慧取代。相反地，具備吸收新知識並進行綜合思考的能力將更受歡迎。唯有擁有閱讀理解力並將其轉化為知識和財富的「富人腦」，才能在被人工智慧主宰的世界中立足。

爲何我讀了很多書還是原地踏步

在經濟新聞中經常看到上班族為自我開發花費不少資金、時間和精力。受新冠肺炎疫情影響，大家待在家的時間變長，追求自我開發的線上閱讀認證內容也層出不窮，但也能看到很多類似的抱怨：

「讀了一頁但實在不知道在講什麼。」
「看完整本也不記得到底在講什麼。」
「才寫了一行就覺得頭很痛。」
「雖然試著去學了，但好像僅止於此。」
「如果什麼都不做，會讓我很焦慮。」

缺乏閱讀理解力就進行閱讀，就如同沒有產業基礎建設限制了國家的經濟發展。缺乏閱讀理解力等同於失去了基礎，使得所有的學習和努力都化為烏有。當建立在閱讀理解力基礎之上，閱讀、思考、表達的過程能夠產生有價值的成果。透過閱讀，啟動系統性和組織性的思考，將情報、數據、思維內容或經驗轉化為包含結論的意見、創意、解決問題的線索和見解，以及解決問題所需的解決方案。

有錢人普遍認為最佳的投資就是不損失本金。如果在閱讀上投注了時間、金錢和注意力，但卻無法獲得所需的收穫，那閱讀就會變成越讀越虧的狀況。若你感到自己的閱讀一直都是賠本的，即使閱讀了大量書籍，也沒有更接近成為富裕的道路，或者你渴望透過閱讀進入富人的世界，那麼首要的任務就是喚醒你的閱讀理解力。

閱讀理解力也需要 CPR

電腦經常被比喻成人體，其中處理資訊的核心裝置 CPU 被形容為「電腦大腦」，負責穩定供應電腦能源的裝置「電源供應器」則被類比為心臟。富人腦的兩大主要能力——思考和閱讀理解——之間有著相似之處。思考能力指的是將資訊加以處理轉化為思考，進而做出判斷的一連串大腦活動。而閱讀理解能力則可視為讓這些活動順利進行的心臟，負責接收、分析和運用資訊。心臟需要好好運作，大腦才得以順利運轉。

若你的閱讀理解能力無法正常運作，就需要進行讓它復甦的「CPR」。要使閱讀理解能力強力運轉，就必須喚醒思考能力並啟動它。然而，許多人在求學時期或之後並未徹底掌握閱讀理解能力，導致閱讀完後一無所獲，成了白費心力的假閱讀。接下來會介紹閱讀理解能力的復甦方法，讓你達成像有錢人一樣的真閱讀。閱讀理解能力的復甦關鍵在於基本的資訊處理能力，透過批判性閱讀、邊思考邊讀、邊寫邊讀等方法即可進行復甦和開發。

在個人電腦時代的發展中，史蒂夫・賈伯斯曾形容使用電腦就像給了步行的人類一輛

閱讀理解力 CPR

Critical reading	批判性閱讀
Proactive reading	邊思考邊讀
using w**R**iting	邊寫邊讀

自行車。蘋果則宣稱個人電腦是「思想的自行車」，只要以閱讀理解力為基石，就能讓思考的人如同騎著摩托車一樣行進。因此，閱讀理解力可視為精神摩托車，它可以對閱讀理解力進行心肺復甦，讓你擁有一顆富人腦。

用你的大腦邊思考邊閱讀

哈佛大學ＭＢＡ經營研究所引以為傲的畢業生，包括了臉書營運長雪柔・桑德柏格（Sheryl Sandberg）、《彭博》創辦人麥可・彭博（Michael Bloomberg）、橋水基金創辦人達利歐（Raymond Dalio）和奇異家電前執行長傑夫・伊梅特（Jeff Immelt），等姓名即品牌的成功人士。其中有位來自日本的鳩山玲人，在以 Hello Kitty 聞名的三麗鷗企業工作五年內創造了三倍的營收，並使市價總額增長了七倍，是位傑出的管理者。

鳩山玲人表示，能夠取得這樣的成就主要歸功於哈佛ＭＢＡ學習中採用的案例研究法。這種方法包括閱讀預先準備的案例、進行分析和討論，找出解決方案，然後在下一堂課進行討論，最終由教授提供回饋。這種教學方式的重點在於將閱讀所得的知識轉化為實踐，培養學生自主思考的能力。

結合閱讀理解力和批判性思考，打造富人腦

單純的閱讀就只是接受作者拋出的答案，但作者的答案往往是為了解決他自身的問題。如果想要運用所讀內容來解決你的問題，就必須進行批判性閱讀並進行合理評估。這種方法能讓你思考接受或忽視書中內容，從而找到適合自己的方法，並進而解決個人的問題。

「輸入垃圾就會輸出垃圾」這句話常用於強調閱讀理解力中的「輸入－輸出」概念。若輸入的資訊貧乏，那麼輸出結果也只會是貧乏的。要確認輸入的資訊是否貧乏，就需要有分析資訊的能力。這種能力在相同標準下分析內容或做判斷，檢查內容是否邏輯合理或矛盾，是否存在錯誤，以及提出的主張是否值得信賴。這種能力也被稱

為批判性思考（critical thinking）。

如果缺乏進行批判性檢閱資料的能力，閱讀理解力便無法發揮其效用。想要進行批判性思考，就需要能夠自由運用「輸入-輸出」機制的閱讀理解力。閱讀理解力是批判性思考的核心要素，而批判性思考則是閱讀理解力的必要條件。總而言之，要培養富人腦，就需要結合閱讀理解力和批判性思考。

閱讀能力不足，批判思考能力也會隨之下降

挑戰靠閱讀致富的時候，你是否對於閱讀理解力所需的關鍵條件——批判性思考，感到困惑呢？OECD曾對數位時代人們的閱讀理解水準進行過調查，發現韓國的國中生在「區辨事實與意見的能力」方面得分最低，甚至低於平均值的一半，這樣的結果令人感到相當驚訝。然而，這樣的情況並非僅限於國中生，忙於應對生活的成年人可能更為嚴重。根據OECD的數據，整體而言，閱讀能力越高，

區辨事實與意見的能力也越強。若缺乏批判性思考，閱讀能力也會下降；而閱讀能力下降，批判性思考能力也會明顯受損。因此，當務之急是培養批判性閱讀能力。

閱讀時儘管去懷疑、提問、反駁吧

美國總統能撼動全世界局勢，所以也被譽為世界總統，也正因如此，美國總統往往承受極大的壓力。

「這八年來，因為各種資訊、劇烈的黨派鬥爭而喧鬧無寧日的白宮裡，閱讀是我理想與靈感的泉源，帶給我能重新審視及詮釋複雜不明的人類社會的力量。」

前美國總統歐巴馬坦言，他這八年來能在白宮生存都要歸功於閱讀。也因為他無論如何都不會忽略閱讀，才能在蠟燭兩頭燒的行程與壓力中撐下來。在工作緊迫、訊息氾濫時，閱讀讓他放慢步調，以自身觀點站在他人的立場上，轉換不同的思考方式。雖然我們無法斷言閱讀是否創造出一位更好的總統，但至少能確定閱讀讓他維持了一定的平衡。也正因他能實現批判性閱讀，才能讓百分之三十五的國民認定他是美國過去四十年來掌權的七位總統中，執政最佳的一位。

閱讀時要一邊思考

美國總統處理左右全球安全的決策時，或許最具挑戰性的部分在於嚴謹地閱讀面前的那份報告。這份報告可能含有撰寫者的立場，而真正難點在於如何避免受到立場影響，以批判性的角度來進行閱讀。

美國大學入學資格考試 SAT 只涉及閱讀、寫作和數學三個科目，其中閱讀並非考驗單純的讀（reading），更考驗批判性閱讀（critical reading）的能力。批判性閱讀不是盲目追隨作者的觀點，而是運用自身思考能力來理解閱讀材料。麥吉爾大學的丹尼爾・列維汀（Daniel

Levitin）教授，該領域的權威人士指出，在這個資訊量巨大、難以確定正確性的資訊時代，許多人在面對重要問題時更傾向於跟隨個人感覺或本能做出決定，而不是基於理論或證據。因此，批判性閱讀在這樣的環境中變得更為重要。

「若想提升決策能力，必須擁有銳利的批判性思考能力，用批判性提問武裝自己，在做出判斷之前，不斷提出質疑並仔細斟酌。」

無論是一般工作或投資，有錢人都必須在每個瞬間做出決策。他們活在需要迅速做出許多正確決策的壓力之下。在這種情況下，批判性閱讀可說是左右他們決策方式的重要因子。若想靠閱讀致富，擁有富人腦，就要先培養批判性閱讀的能力。

閱讀時要一邊質疑

閱讀並全盤接受書中的主張，其實只是把作者的想法直接植入自己的思維中。將非教科書中的主張盲目吸收，這樣的行為極為主觀和自私，就如同只接受胳膊往內彎的歷史記錄一樣。若希望避免受到偏見或先入之見的影響，就需要以清晰而敏銳的眼光閱讀。這就是批判性閱讀的核心：持懷疑態度，對假設或前提提出質疑，系統性地分析證據，進行合理的懷疑並不斷消除這些懷疑。

「相信書中內容全部正確的人，將作者想法與自身想法完全混淆的人會失去思考能力，因為他的腦子就只是讓他人的思考放肆玩耍的運動場罷了。」

哲學家叔本華（Arthur Schopenhauer）警告，整天埋首於勤奮閱讀的人可能只是機械地閱讀，並且是最容易失去獨立思考能力的高危險族群之一。他指責有些人讀了太多書之後，反而阻礙了更深入的思考。

批判性閱讀的核心在於對看似合理或理所當然的主張提出質疑。若缺乏批判性閱讀、思考和判斷能力，無法理性地接受資訊、新聞或傳聞，可能會變成只接受自己喜歡聽的部分。這可能導致在投資、工作、學業和生活中出現錯誤或失誤，進而導致失敗。

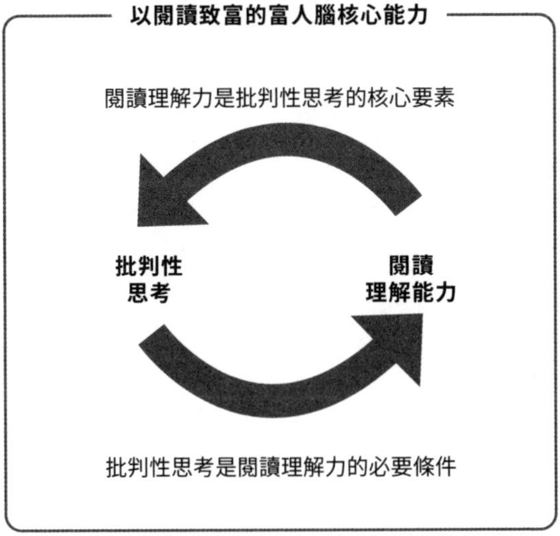

閱讀時要檢視自己的臆測

閱讀是引導改變的泉源，如果讀完書之後無法在工作或生活上產生任何改變，那就只是在假裝讀書而已。若希望透過閱讀達到期望的改變，在閱讀期間就必須撒下能帶來改變的種子。提問、疑問、反問這三顆種子能讓閱讀產生變化，《正義：一場思辨之旅》的作者麥可・桑德爾（Michael Sandel）曾這麼說：

「我唯一的閱讀習慣就是一邊閱讀，一邊提問。與作者的互動就是主動閱讀，一本書就是一種與作者對話的邀請。」

在麥肯錫替世界知名企業獻策的芭芭拉・明托（Barbara Minto）建議，閱讀自己所寫的文章時，應該持續問自己為什麼（Why?）、真的嗎（True?）及然後呢（So What?），這樣才能寫出「更像樣的文章」。而美國知名閱讀專家莫蒂默・傑爾姆・阿德勒（Mortimer Jerome Adler）則提到，高水準閱讀需要採用四階段問題的方式來閱讀。這幾個問題不論書籍的厚度、虛構性質或閱讀目的為何，都能幫助你獲得更豐富的閱讀體驗：

1. **整體而言，這本書在談論什麼？**
2. **書中仔細探討的議題是什麼？**
3. **從整體或部分來看，內容正確嗎？**
4. **內容代表什麼意義？**

我在書籍寫作課的課堂上，也必定要求準作家們檢視自己這段時間看了什麼書，並要他們把以下三個題目放進去：

1. **這本書在談論什麼？**
2. **誰需要這本書？原因為何？**
3. **這本書要你怎麼做？做什麼？**

邊閱讀邊提問，有助於實現批判性閱讀。這種方式不僅意味著不盲目接受內容，更意味著持續質疑、思考和分析所閱讀的內容。這樣你在閱讀完整本書後，就能自行找到回答上述問題的答案。並非單純遵從作者的觀點，而是依據自己的思考和分析，得出了自己的答案。

透過質疑避免落入臆測的陷阱

榮獲諾貝爾物理獎的阿諾・彭齊亞斯（Arno Penzias）每天一起床就會先問自己這個問題：

「我為什麼如此堅信我相信的東西？」

對於想要超越臆測的人來說，不斷檢驗自己的預設觀念是成功的關鍵。他建議若要超越自己的臆測，就必須不斷檢視這些臆測。因為自己的預測和先入為主的觀念可能只會吸引相關的資訊，進而導致危險的判斷和錯誤的決策。將這種臆測檢視的方式應用在閱讀上，可以轉化為以下問題：

「我相信這本書說的話嗎？」

「我為什麼相信？」

「是因為相信它說的可能是事實嗎？」

「萬一那個想法出差錯呢？」

「那原因會是什麼？」

閱讀時要聚焦於事實

比爾．蓋茲自二〇一〇年開始，每年五六月都會推薦適合大學生閱讀的書單。在二〇二〇年，他更送給全美大學與研究所畢業生世界級泰斗漢斯．羅斯林（Hans Rosling）所著的《真確：扭轉十大直覺偏誤，發現事情比你想的更美好》的電子書。蓋茲當時介紹這本書是「帶給我極大感動的作品」，並指出贈書理由是「這本書將成為讓學生更加明確了解世界的指南」。在書中，漢斯．羅斯林提到，混淆事實與主張會阻礙對事情的理解，產生恐懼和偏見。而這種混淆事實與主張的情況，正是阻礙真正閱讀的致命障礙。

根據事實去觀察與理解

讓人類和黑猩猩同時回答十三道跟世界觀有關的問題。結果顯示，人類的平均答對率為百分之十六，而黑猩猩的答對率則為百分之三十三。漢斯・羅斯林指責人類無法超越黑猩猩的原因在於我們缺乏看待真實面向的能力。《真確》的作者團隊建議，單純依靠感覺認識資訊的習慣往往會導致誤判，必須培養以事實為基礎的觀察並理解世界的態度和觀點。有錢人不僅僅是閱讀東西，而是透過點亮自己的思維來閱讀。巴菲特甚至還這麼形容過自己的職業：

「我的職業本質上就是要去探尋更多事實與情報。」

提升事實理解能力

有錢人通常以批判性的方式理解書中的內容，並進行推論以形成自己的觀點。他們能夠從文字中準確捕捉核心觀點和細節，但大多數人無法僅從字面理解文章，也無法正確理解意義或深入閱讀。

那要如何閱讀，才能提升辨識事實和主張，以及理解事實的能力呢？

針對資訊進行評價

請不要盲目接受書中所有資訊，而是自我反問。評估資訊來源的可靠性至為重要。首先要考慮情報的提供者是誰？是書籍作者本人還是其他人？值得信任嗎？一旦了解情報的來源，接下來需要對該資訊進行評價。這些資訊是基於個人經驗嗎？還是來自觀察？或者是聽聞而來？請仔細梳理每一項資訊的來源。

過濾廢話

要判斷書中的內容或資訊是否可信，首先需要從質疑所提主張中蘊含的核心觀點開始。找尋支持該資訊可信性的證據至關重要，同時也要評估證據本身的可信度。除此之外，應當仔細檢視所提出的主張中是否隱藏其他意圖。

點亮大腦的思維來閱讀

想如實按照字面閱讀時，不只要睜大雙眼，還要點亮大腦的思維。單純用眼睛閱讀可能會過於跳躍，如果要點亮大腦的思維，就需要全身心投入閱讀。可以透過劃重點，或以意思和單字為單位劃線，來理解較複雜的文章或結構，甚至可以試著出聲朗讀或抄寫來幫助閱讀。

以文意爲單位來閱讀

理解能力有時會受到意外因素的干擾，而閱讀則是一種極為個人化的行為。有時難以找出這些干擾的原因，更難以加以修正。原因之一就是以單字為主的閱讀習慣，將單字拆開或者以兩三個單字一起讀，容易讓人疲憊。若進行閱讀時感到疲憊，將消耗掉人的精力和注意力，可能會忽略理解內容意義。更別提進行批判性閱讀了，有時候甚至讀完一篇文章也無法確切記得其內容。以兩三個單字連貫閱讀的習慣會專注於單字本身，卻可能導致理解能力下降。解決這個問題的方法是建立以文意為單位的閱讀習慣。

不要執著於每個單字，而是要讀出脈絡

文意單位指的是將單字或句子視為一個完整的意義單元。不再僅僅看待單個單字，而是將它們組合成文意單位來閱讀，這有助於快速把握整個意思。透過以文意單位為基礎的閱讀方式，即使遇到陌生單字，也能透過上下文推論其意思，進而延長閱讀的節奏。相對地，若將單字分開閱讀或拆解成數個短句，碰到陌生單字時可能會失去持續閱讀下去的動機。

「要找出聽眾會喜歡的點子是最困難的事但也有很多時候是就算有點子卻因為寫不出開場白第一句話而哀號半天。」

這是收錄於拙作《用零資本打造財富超車線的內容行銷（暫譯）》的內容，若想理解這段話的內容，必須一口氣讀完才行。如果要把這段話拆成兩個文意單位來讀，可以這麼呈現：

「要找出聽眾會喜歡的點子是最困難的，但也有很多時候是有點子卻因寫不出開場白第一句話而哀號半天。」

要讓內容易理解，一口氣閱讀比分成兩句更省力。即使如此，把單字分開讀會讓意思模糊，常常需要重讀。這種情況反覆出現，使得完整閱讀文章變得相當辛苦。因此，養成按照意義閱讀並抄寫的習慣很重要。這種方法可以讓閱讀更快速、更容易理解內容。順暢閱讀並從字面意思出發進行批判性思考，是閱讀致富的第一步。

閱讀時要簡明扼要

「即使再怎麼優秀的商業企畫，若無法在電梯短暫相遇的十五秒內，清晰、引人入勝地介紹自己，別指望會有投資者願意投入資金！」這是矽谷的鐵律。為了讓人有更多練習投資說明（pitching）的機會，矽谷甚至建造了專用的「電梯演講」（elevator pitching）練習空間。對創業者而言，若無法用簡短而有說服力的語言概括事業企畫，代表他們對自己的事業理念並不完全了解。因此，這種電梯演講對他們而言也是很重要的課題。

閱讀同一本書，有錢人和那些只是花錢買書的人之間的區別在於是否真正理解書中的內容，並將其內化。撰寫摘要是培養閱讀理解能力的最佳方式，因為若無法好好閱讀、理解和分析文章，就無法總結其要旨。摘要工作包括精讀幾遍書籍，不斷消化內容、篩選重點和核心，並將其整理成可保存的可用內容。因此，撰寫摘要不僅提升閱讀能力、思考能力，還能培養文章表達技巧，對於提升閱讀理解力至關重要。

提升事實理解能力的摘要四步驟

摘要這項工作可分為四個階段：

整理主要內容→找出重點→寫摘要→確認

① 整理主要內容

首先將事實、案例、引用及作者的意見分開，只挑出關鍵內容。關鍵內容大概以條列式紀錄七點上下為宜。各項約整理三到五行內容即可，接著再整理整體脈絡完成前後文連結。

②**找出重點**

以整理好的內容為基礎，抓出關鍵內容與訊息。整理出這本書在講什麼、作者想透過這些內容傳遞何種訊息。所謂的摘要，必須讓沒讀過這本書的人一看就知道這本書在講什麼。

③**寫摘要**

寫下不會讓讀者感到困惑，有條理的摘要文，有條理的寫作法可活用OREO公式會更加容易。

- **Opinion（提出意見）**：作者建議〇〇〇要〇〇，〇〇主張〇〇。
- **Reason（說明理由）**：作者之所以這麼建議，是因為〇〇。〇〇之所以主張〇〇，是因為〇〇。

- Example（**舉例證實**）：作者透過這些舉例加強其論點／主張的說服力。
- Opinion（**意見強調**）：為倡導實踐作者的論點／主張所提出的辦法。

④ 確認

寫完摘要文，就很容易對照封面、介紹、序言等內容，確認摘要是否正確。雖然找專家幫忙確認也是個好辦法，但自行比較就代表把書再看一遍，跟找第三人幫忙檢查一樣有用。

限制字數來練習摘要能培養區分重要與次要內容的能力。限制摘要篇幅則有助於集中於關鍵內容，並探索更富創意的表達方式，進一步促進閱讀、思考、分析和判斷能力的活躍。

練習用一句話總結

近來，文章只要超過三行就會被說太長，超過一頁以上的內容如果沒有摘要，就沒人想看。尤其對於必要閱讀的內容，人們通常期待有簡要摘要。然而，對於想要發展閱讀賺錢技巧的人，不論是書、論文或文章，都需要能快速閱讀並歸納重點。想像一下，只看三行摘要一輩子的人，和能概括任何文章的人，兩者之間的差異是無法彌補的。

以下是提升閱讀理解能力的摘要練習技巧，你可以按順序嘗試或挑選自己感興趣的方式進行。請牢記，在撰寫摘要時，不要拼湊文字，將閱讀內容混合在一起會被視為抄襲。為避免此風險並最大化摘要效果，記得消化原文邏輯與內容，用自己的方式表達。即使只是簡短引述幾句原文，若未標示引號也會被視為抄襲。

摘要練習1：像記者一樣把一本書寫成一百字摘要

新聞都用一句話介紹一本書，只介紹濃縮過的內容、書名、作者名、出版社名及定價也會超過一百字的份量，像記者一樣學習怎麼寫出一百字摘要吧。

- **內容：是什麼書**
- **特色：有什麼特點**
- **感想：感覺或感想如何**

把重點擺在這三項，一百字摘要就不是問題，以下是《用零資本打造財富超車線的內容行銷》讀者所寫的一百字摘要文：

「這是一本為離開公司、擔心如何討生活的人所寫，關於零資本創業的實戰守則書籍。書中分享如何將生活中經歷的事情寫成內容販售，分享能積極維生的點子以及從作者自身經驗出發的實戰法則，令人耳目一新。」

摘要練習2：把一百字介紹文濃縮成一句話

熟悉用一百字摘要一本書的方法後，就能挑戰把一百字濃縮成一句話的練習。每一篇文章最終都是為了一行字或一句話而存在的。若能用一行或一句話摘要一本書，你的閱讀理解力就是世界首富等級了。比起一下子就要把一百字濃縮成一句話，可循序漸進從五十字、二十五字、十字慢慢練習。在反覆閱讀內容，篩選出關鍵內容，持續縮減冗長內容的過程，就是鍛鍊閱讀理解力的最佳方法。

前面提到的《用零資本打造財富超車線的內容行銷》一百字介紹文，若要濃縮成一句話可以寫成這樣：

「用內容產業賺取百萬年薪的高手祕訣大公開！」

摘要練習3：把新聞專欄濃縮成三行

在練習解讀力和文筆的同時，也要進行培養閱讀理解力的摘要練習，沒有比新聞專欄更適合作為練習摘要的文章了。新聞專欄多由三到五個段落組成，篩選段落後整理出簡短文章就是所謂的摘要練習，按照下列順序，試著摘要看看吧：

1. **依段落整理重點內容**
2. **用摘要的一行字寫出摘要文**
3. **確認是否通順**

最近每家新聞社都會提供由人工智慧技術自動摘要新聞的服務，你可以將自己寫出來的新聞或專欄三行摘要與新聞社提供的服務內容相比較，可以獲得更加有效的回饋。

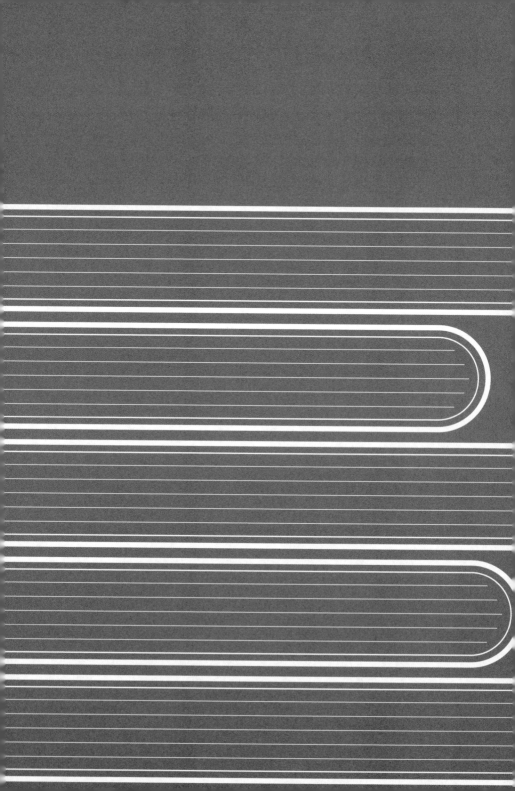

PART 4

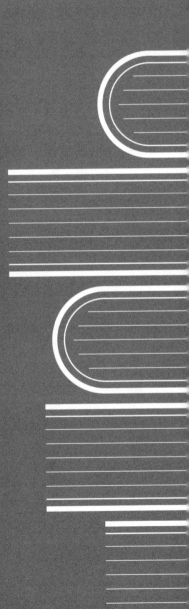

讀多少就回收多少的閱讀輸出技巧

「締造出巨大成果的人都會進行輸出，只『輸入』不『輸出』便無法成長，這是腦科學的法則。」

——樺澤紫苑

有輸出才算完成閱讀

Kakao 創辦人金範洙認為，透過稍微調整觀點便能找到致富的契機。他建議若想要致富，就應該改變自己的觀點。當觀點改變時，想法也會改變，進而帶來不同的商機和賺錢方式，最終改變整個人生。此外，金範洙強調閱讀是改變觀點的最佳途徑：

「能閱讀是很大的幸運，因為只要花幾個小時就能獲得作者的專業與知識，沒有比這更賺的生意了。」

他每天早晨都保持定時起床，閱讀報紙和書籍。透過書中的知識，他吸收當日的主要話題和資訊，這些成為他整理思維、創造新點子或做決定的參考。他將閱讀的內容應用於現實，評估閱讀所花費的時間、能量和書費。

閱讀後，他會堅持以個人觀點重新整理內容，認為這種整理筆記的方式有助於更深刻地理解和內化內容，甚至可能產生新的想法。儘管身為搜尋引擎企業的領導者，他並不偏好搜尋。他對於任何好奇的事情都會尋找書籍中的答案，並將其整理成筆記內化。他認為擁有多少知識並非最重要的，真正關鍵的是在新情境下能夠應用已經掌握的知識，並堅信搜尋無法替代閱讀。

從閱讀到活用的閱讀致富流程

閱讀不僅是吸收知識，還需轉化為產出才算完成閱讀流程。不論讀了多少，若沒有產出，就難說是真正讀書。將閱後所得內容完全內化，才能在工作和投資中加以應用。閱讀後的整理過程或許比閱讀本身更為重要，甚至可說輸出佔了閱讀的九成九。要成為有錢人，閱讀後更需善加利用，輸出應占十成。

身為從月薪一百二十萬韓圓的普通員工，轉變成年薪四億韓圓的超級業務神話，自我開發專家姜圭亨也表明他的祕訣就是閱讀。他同時強調，即使讀了成千上萬本書，若不懂得應用，便無濟於事。因此，他建議閱讀必須能在現實生活中產生輸出。閱讀的輸出意味著理解內容，並將其與已知知識連結，形成新知識或新點子，這正是有錢人都在用的閱讀流程。

輸出能帶來躍升和變化

很會賺錢的人通常也是好學的人，如果想深入學習，就必須精進閱讀能力。但僅靠閱讀無法產生實質學習效果。唯有將所讀內容融入大腦並內化，再以自身方式輸出，才能達到完整的學習效果。因此，我們需要學習像有錢人一樣，掌握將閱讀轉化為個人產出的方法。

將一本書用3種方式輸出

馬雲強調成為有錢人後，閱讀更為重要。他認為若成功後停止閱讀，就難以守住財富。馬雲將閱讀所得應用於日常生活，著重實踐所謂「有輸出」的閱讀方式。例如，閱讀了合作與協力相關的書籍後，立即將知識應用於現實生活，才算充分發揮購書的價值。

金勝鎬會長也贊同這種觀點。他坦言即便接觸各式學習資源，包括演講，若無法產生收穫，往往是因為缺乏將學習內容轉化為實際行動的輸出。

「在聽演講學習的過程，滿足於自己已經在學習的安逸，會給人沒有產出也無妨的緩衝。」

輸入與輸出的黃金比例3：7

許多研究結果都強調閱讀輸出的重要性。哥倫比亞大學的蓋茲教授及其研究團隊對一百名孩子進行了實驗。他們讓孩子默背人名圖表，記憶圖表內容所花費的時間是輸入，而記憶後的默背時間則視為輸出。經過對輸入和輸出時間進行多次比對後，發現當輸出時間比輸入時間為三比七時效果最佳。該研究也指出，如果想看見成效，輸出時間應該要是輸入時間的兩倍以上。

113魔法：一週內將一本書用三種方式輸出

日本精神科醫師樺澤紫苑是腦科學領域輸出的專家，他強調閱讀的價值不在於單純地收集和列舉文字情報，而在於應用和實踐。這樣才能形成能夠持久運用的「結晶知識」，即使經過十年亦能仍能運用於實際情境。樺澤教授指出，若要轉化閱讀內容為結晶知識，輸出是不可或缺的關鍵，而在閱讀後七至十天內進行三至四次輸出，效果最佳。

在他的著作中，我讀到了「113魔法」並親身實踐，這也是我在書寫及寫作課程中推崇的有效方法。這種方法像有錢人一樣培養閱讀理解能力，能夠啟發輸出，培養閱讀後能夠真正應用的閱讀能力。這也具有「一週內以三種方式輸出一本書，就像有錢人將閱讀轉化為財富的魔法」的意義。所謂的三種輸出方式包括書寫、口語和行動，必須在一定時間內完成。這樣做是為了不忘記閱讀過程中的體會，並在限時一週內完

成爲有錢人的閱讀 113 魔法

113

一週內將一本書用三種方式輸出

成。這個「113魔法」提供了簡單的方法和規則，所以無論何時何地、在任何情況下都適用。

將閱讀後的理解和思考用文字記錄下來會更加清晰。口語表達僅限於理解程度，而書寫能使理解更加深入和清晰，同時也包含了教學的成分。

讀得流暢，用得毫無顧忌的真閱讀，也可說是以輸出為主的閱讀。輸出型閱讀指的是閱讀後對內容進行理解，將其與已知知識連結，然後創造出新的知識或創意點子進行應用。在這個過程中，寫作發揮了極其重要的作用。若要閱讀更加流暢，無顧忌地應用所學，關鍵在於確實理解書中的內容。透過寫作，可以自我檢驗對內容的理解程度，同時整理原本可能模糊或不清晰的思緒，進一步擴展理解的範圍。

用自己的語言重新改寫

成為有錢人的閱讀祕訣之一是「113魔法」，這是一種強化輸出的方法，其核心在於「寫作」。為了表達和行動，必須確切理解閱讀內容並將其內化，而達成這一點需要通過動筆寫作，並在閱讀過程中持續進行。這種寫作與閱讀同步的方式，促使閱讀內容內化的過程。

首先，在閱讀過程中，將與內容相關的想法記錄在空白處，並在對重要句子進行劃記時，附上劃記的原因。不論是贊同、反駁還是補充，都要將當下的想法記錄下來，這樣在整理時能夠重新召喚起當初的想法和感受。

在閱讀後的整理階段，寫作會發揮它的作用。再次閱讀標記的重要部分，並將書中內容與最初的筆記做連結，以擴展對內容的深度和廣度。這樣一來，在表達和實踐階段，你的表達將更加順暢，甚至能將內容內化到能夠教授他人的程度。寫作在三種輸出行為中最為重要，因為它能使大腦相關區域活躍並提升專注力，也會更持久地記憶，更易於日後應用。

寫過才會明白的事

寫作能讓閱讀的學習效果極大化。

寫作課大師，同時也是「邊寫邊學」的專家威廉・津瑟（William Zinsser）曾說，「把懂的東西寫出來，就像清掉窗上積霜的工程」。

「寫作是用自己的方式去理解的過程，我們能藉由寫作明白我們究竟懂什麼、不懂什麼。」

寫作能使原本模糊的內容變得清晰，並凸顯其輪廓，因此，閱讀時同時進行寫作是學習不可或缺的一環。巴菲特深知寫作的效果，若他對某家公司的股票有興趣，便會寫下買進的原因。他認為，腦中思考的理由和以文字整理後的理由有著天壤之別，因此寫下來可以清晰地整理腦中的想法。優秀的學生具備所謂的後設認知能力，他們擁有「知道自己對某件事記憶力有限的能力」。區分真正理解和假裝理解的關鍵在於「是否能夠解釋」，只要開始寫閱讀內容，便會立即知道。因為真正理解與否、是否記得某些讀書內容，一旦開始寫作，就會一目瞭然。

要用自己的語言改寫的原因

閱讀、寫作和整理內容的過程中有一個重要的注意事項：直接照抄書中的內容並不對理解有太大幫助。真正的內化應該是在理解內容後用自己的語言表達。哈佛大學針對八百名修習心理學概論課的學生進行的一項研究也強調了這一點。他們將學生分為兩組：A組學生被要求自行撰寫有關核心概念的文章，表達他們對概念的理解和舉例；而B組學生則觀看簡略的投影片展示核心概念，然後把內容和舉例照抄下來。之後對兩組學生進行了理解核心概念的測試，結果顯示，自行重寫內容的A組學生有一半的人取得了比抄寫內容的B組學生更高的成績。兩個月後再次測試時，A組學生的學習成效依然顯著高於B組。這表明閱讀和理解是兩個不同的過程，而透過輸出強化理解和記憶的步驟非常重要。

邊寫邊讀的7項輸出技術

邊寫邊讀，從結論來看就是把一本書看很多次。以下介紹超級富翁愛用、閱讀高手都在使用的七項邊寫邊讀輸出技術。建議你可全部或逐一嘗試，找出最適合你的方法。

①講述看過的書

對自己說明你看過的書，這是什麼書？作者是誰？讀這本書的契機？好不好看？有幫助嗎？哪些內容有幫助？原因為何？會不會向他人推薦？推薦與不推薦的原因？寫下這些問題的答案，透過自問自答的方式能更加全面整理全書內容，也能更輕易掌握內容。

②回憶內容

闔上書本後，試著回憶內容，將所想到的內容記錄在紙上或Word檔中，直到你再也想不起任何東西為止。然後將相關內容歸納整理，這樣可以清楚地知道自己究竟懂得哪些，不懂哪些，以及記得多少內容。這個方法對於懂與不懂的內容做出清晰的區分，是考生中廣為人知的讀書方法。

③抄寫內容

把畫線或畫重點的地方抄下來，把所有內容完全內化保存，也方便以後再找出來用。

④撰寫閱讀記錄單

連同書籍資料（書名、作者、出版社、出版年度）一起簡單整理感想的閱讀紀錄單（Reading Log）。

⑤寫書評

寫書評前，首要的是深入閱讀並理解作者的意圖，將內容轉化為自己的理解，然後整理思緒並加以書寫。因此，擅長書評的人通常也擅長寫作。寫書評的重點在於坦承自己對這本書的看法，無論其他人怎麼想、有哪個名人推薦過這本書，都要把自己對這本書的感覺放在第一順位。

⑥教學

美國華盛頓大學研究團隊將學生分為兩組：一組被告知閱讀後要準備考試，另一組則是被告知閱讀後需要準備教導其他同學。接著，讓兩組進行了考試，研究顯示，被告知要教學的組別所獲得的成績更好。這意味著能夠教授他人的人通常掌握得更加透徹。許多有教學經驗的人都能理解這句話的意思。閱讀後將所學內容教授給其他人，可以製作成影片並上傳至YouTube，這是一個輕鬆實踐教學輸出的方法。

⑦寫閱讀隨筆

書評通常以書的內容為主題，閱讀隨筆則是以讀過的書為素材，依據個人閱讀體驗來寫成文章。閱讀隨筆可說是閱讀輸出的最高層次，每讀完一本書就寫下一篇隨筆，匯集起來甚至可以成為一本書。

寫出能抵書錢的書評吧

金逢進（「外送的民族」董事長）、朴雄鉉（韓國知名廣告人）、金美敬（韓國超人氣 YouTuber），這三人有什麼共通點呢？答案是：都很有名、賺很多錢、會寫書辦講座，最後一項共通點是「靠讀書賺錢」。換句話說，他們都是真正實踐「閱讀致富」的人。

「外送的民族」金逢進董事長便常在臉書上分享讀書心得。這不僅強化了他的知識形象，更激勵他開始寫書評，最終贏得了『讀書王』的美譽。這使他成為了一位暢銷作家，完全實現了他想要建立的形象。這也彰顯了寫書評所帶來的種種好處，不僅讓他更有魅力，也增加了他的收入（雖然他已經是個富可敵國的人）。

另一位名廣告人朴雄鉉，因出版《書是斧頭（暫譯）》一書成為『名人』。對於廣告人來說，創意就像生命的泉源，而他的靈感來源正是書籍。他將自己心儀的書籍及相關故事編纂成書，這本書也使他成為了暢銷作家，同時也為他賺來豐厚的收入。

此外，曾經是明星講師的金美敬，在 YouTube 頻道《金美敬TV》中開設了說書單元，以介紹書籍內容並訪問作者為基礎，提供多元的閱讀服務。

或許是時候考慮成為一位書評家了。閱讀完書後寫下書評，分享你的閱讀體驗，這不僅是成為有見識的方式，也許還是通向財富的一條途徑。就像金逢進、朴雄鉉和金美敬一樣，認真閱讀一本書，寫下你的感想，也許能給你帶來意想不到的收入。以下介紹能吸引出版社及讀者的書評撰寫技巧：

何時寫比較好？

要在讀後一週內寫完，這樣才能完整呈現及保留讀書時的感受，讀者也才能體會到那份感受。

要寫在哪？

寫在社群平臺上吧，這樣就能和讀者交流，過程中也會形成期待其他書評的粉絲，便會形成想更積極閱讀、寫出更好書評的良性循環。

要寫多少？

如果要在社群平臺上發表，寫到你敲鍵盤的手指都痛了也沒問題，但請克制，寫越多也可能只是照抄書的內容而已。適合讀者的閱讀量約落在一千五百字以內，所以請控制在雙面A4內，能夠一次看完的份量。

寫書評的目標是？

要讓讀者產生「我也想看這本書」的念頭。為了達成目標，書評就要寫得像讓人想進戲院看電影的海報那樣，把重點內容寫得令人心癢難耐，讀者就會去找書來看。如果不能讓人家想看你推薦的書，那就是一篇失敗的書評。

寫書評，要從哪裡開始？

以下介紹讓寫書評變簡單的幾個問題，書評也算是這些問題的答案，讀完書再一一回答吧，把答案串聯起來就能誕生一篇書評了。

①你看了什麼書？

請告知內容資訊、作者及出版社等情報。

請介紹本書內容。

②為什麼要看這本書？

簡單分享會選擇這本書的緣由。

③看了這本書後有什麼想法？有產生什麼變化嗎？

④為什麼會產生這些想法？

⑤有哪些特別喜歡的段落或內容？

⑥有哪些部分現在能立刻實踐？

⑦抄下你劃上重點的段落吧

也請說明為什麼喜歡這段。

⑧想把這本書推薦給誰？理由為何？

寫書評應該注意什麼?

書的內容是作者所寫的，書評是身為讀者的你所寫的，這兩篇文章必須有明確的區分，不然在他人眼中會覺得你盜用了他人的文章。

跳脫聰明羊群的三察模式

「一篇文章讀七次就能自動完成學習。」

《讀書達人》法律人寫的書有段時間曾大受歡迎，這是那本書所傳遞的訊息，但專家們對於這個方法抱持著極大懷疑。

「讀很多遍會因此熟悉，會誤以為自己都會了，但其實那不是真正的懂，別被流暢度給騙了。」

教育專家建議，若不想被流暢性蒙蔽，就要試著針對某個主題寫作，這樣便能立刻知道自己究竟是懂還不懂。曾任耶魯大學教授的作家威廉・德雷謝維奇（William Deresiewicz）主張，那些美國名校出身的「人生勝利組」，其實也只是盲目跟從他人稱羨的道路的一群「聰明的羊群」。單純吸收書中讀到的內容就會變成聰明的羊群。德雷謝維奇強調，在大學逐漸消失的時代，知識能力的最高點在於「分析他人主張並改善自身論點」。若不想成為裝懂的羊群，而是想成為真正的閱讀富人，就該這麼做。

「至少把書好好讀完一次，接著分析內容，然後用你的論點寫作吧！」

從裝懂到真懂

閱讀隨筆是輸出的「句點」。它是在深入閱讀的過程中所誕生的，透過這段時間的自我探索和啟發，將閱讀所得轉化為文字。這些文章包含了閱讀特定書籍所帶來的洞察、情感、與對內容的理解。若能透過閱讀隨筆觸動他人，你的閱讀就能像有錢人一樣成為財富。

在社群媒體上，我們經常看到書籍介紹或摘要，但這些並非真正的閱讀隨筆。將書籍內容直接複製、摘錄重點段落，或者是列舉書籍的相關資訊，這樣的內容僅僅是閱讀的記錄，它們缺少了讀者的個人思考、情感表達和深度洞察。閱讀隨筆並不僅僅是對內容的總結或感想的抒發，而是寫下自己在閱讀過程中所產生的意見、情感、創意、解決方案或提案等。

像村上春樹一樣寫作

小說家村上春樹曾公開他撰寫遊記的經驗與訣竅。他指出，如果只是單純地羅列地點、體驗和事物，讀者很難真正理解。

「我認為應該綜合性去看它是怎麼與日常脫節，同時又怎麼跟日常有所連結，真正的新鮮感動會從這點出現。」

他寫遊記的過程其實就像是撰寫閱讀隨筆，正如村上春樹寫的遊記能給人耳目一新的感覺，能重新詮釋書本內容的閱讀隨筆，遵循「三察模式」就很容易辦到。所謂三察模式就是觀察讀書的自己、省察你觀察到的內容，並寫出對此的洞察。

觀察

觀察並筆記下你閱讀時的情感、想法、疑問、反問等。

省察

讀完書，專注於閱讀過程中產生的想法和感覺，一一揭開這些是從何而來、好奇什麼、有什麼不足、以及你想要說些什麼。

洞察

透過觀察與省察的結果，整理出自己產生的新想法或洞察。

把用三察模式整理的內容改寫成隨筆形式，一篇閱讀隨筆就此誕生。所謂的隨筆形式就是針對一個主題以「序－本文－結論」的結構，有條理地敘述的散文。

活用知識抽屜的方法

金範洙議長的閱讀整理習慣是為了記住內容，但這僅是其終極目標的一部分。其最終目標在於能夠適時地應用所學。他的方法是將讀過的內容一層層地堆疊，以便在需要時能夠隨時運用。然而，腦中的記憶容量是有限的，因此建議多利用電子檔案或應用程式，建立自己的知識抽屜。

知識抽屜的「堆肥化」

整理閱讀內容時，集中將資料放置在同一地點是最佳的做法。這種按主題和興趣類型整理資料的方式可能會帶來意外的收穫。在提取資料的過程中，思考「我為何喜歡這段內容？」或「我可以如何應用這段資訊？」這樣的思考過程會自然地將他人的想法轉化為自己的論點。然後回顧之前整理的相似資料，拓展對知識的廣度，也可能在整理的抽屜中找到意想不到的連結。原本獨立的內容也可能在同一文件中相互補充，這種相輔相成的作用就像堆肥一樣。那些有創意又能賺錢的點子也常常來自於經歷了這樣堆肥化過程的資料。

讓每份資料都經歷這樣的特殊歷程需要整理和保存。在梳理和分類資料的過程中，抽絲剝繭般地收集和整理資料有助於提升理解程度，同時將資料保存為可隨時運用的形式。

①一次整理一種資料

資料必須個別整理，比起完整保存資料，一一細分整理後能更加理解內容。在提取使用時要連同標點符號一起使用，之後重看才不會出現錯誤。

② 用 T&D 模式整理

請用T&D模式整理分類好的資料，T&D模式就像谷歌或NAVER的搜尋結果頁面，是以標題（Title）和敘述（Description）的架構整理。依照不同資料個別選出代表單字，設定標題並寫下說明吧，這樣更容易區辨資料內容，也更容易搜尋提取使用。

③ 整理成完整的文章

以雖然以關鍵字為中心，或動用各種符號整理濃縮看起來很像樣，但不容易進到腦子裡，也不容易記住。之後要提取使用時也可能因為內容不明確導致誤用。可以把內容濃縮，但請整理成有主詞有敘述的完整句子與文章。

④ 請用手寫或打字的方式

手寫或打字更容易記得內容，以後也更便於提取利用。如果用複製貼上或截圖、超連結的方式儲存，不會記得自己究竟存了什麼內容。

⑤請注意著作權

從書中整理出來的內容屬於該作者，即使只是一行字也屬於原作者，在整理過程中請養成標記作者與出處的習慣。

⑥用自己的語言整理

提取內容使用時別全部照抄，用自己的語言來寫吧。使用原文的幾個關鍵字，重新構思內容並用自己的方式表達，有提升理解力及加深思考的效果。

以下用《用零資本打造財富超車線的內容行銷》舉例說明：

在這個內容當道的時代，能賺錢的內容就是顧客想要的有用內容。認識的人聚在一起分享日常、宣傳推銷公司事業，或像寫日記一樣吐露心聲的社交頻道這種普遍且日常的內容並不適合用於內容產業。內容產業是販賣內容賺錢的事業，讓顧客成為你的粉絲並自發購買產品的內容有其商品價值，必須把它做得讓人值得花錢購買。我把適合用來發展事業的內容稱為「有效內容（Cash Contents）」、不適合的稱為「垃圾內容（Junk Contents）」。

用T&D模式改寫如下：

事業用內容的條件

適合於內容產業使用的內容，必須擁有讓顧客成為粉絲並自發購買產品的價值，值得花錢且適合事業發展的內容是所謂的有效內容，反之則是垃圾內容。

用自己的話整理如下：

事業用內容的條件

事業用內容的關鍵在於商品性，它必須是讓顧客願意掏錢的有效內容，在社群媒體廣傳的垃圾內容並不適合發展內容事業。

不在場證明只是痕跡，不是證據

《是誰在首爾大學拿A+》這本書中，講述了一位名為K的學生在試卷上寫下了自己的想法，卻因此獲得了低分的情況。這位學生原本對批判性思考充滿熱情，但因為受挫而改變策略，選擇了「按照教授所教內容寫出一致的答案」，以此獲得了高分。

作者認為這樣的教育方式是「填鴨式教育」，強調了必須轉向引導式教育才能創造更有前途的未來。作者在寫作及寫書的經驗中也見證了這樣的現象，許多人焦急地記錄筆記甚至用手機錄音，擔心錯過任何一點內容會有不良後果。

我以出版企畫身分負責的第一本書，是知名人文故事家趙升衍所寫的《讀書技巧》。讀原稿時有段很吸引人的內容：「上課時間做筆記很浪費時間，這只是自我滿足的行為。」當時才二十二歲的趙升衍主張他所學到的「移情(transference)」概念如下：

「在精神分析學中很重視『移情（transference）』，移情是指將無意識的衝動或觀念釋放到與實際對象完全無關的替代品。無論是演講、上課或讀書，在接觸新事物的過程中，埋頭整理筆記或資料的現象也可理解為相同概念。」

日本學習界傳說《七次閱讀學習法》作者山口真由也表示，上課時間抄筆記的動作只是為了在老師面前好好表現。

中毒症狀：假裝讀書，以爲有讀

當我開始閱讀之前，我會準備鉛筆和便條紙，因為書中的空白處無法容納我閱讀時突然湧現的想法和點子。對於特別喜歡或希望記住的內容，我會用鉛筆劃底線、打星號，或摺書角。我會使用便條紙是因為我擔心在整理內容時可能會遺漏已經標記的部分，這樣多一次的記錄步驟能夠確保不會遺漏任何重要內容。我把這樣的做法稱為「閱讀的痕跡」，這些痕跡僅僅是閱讀過程中的標記，而不是讀書的證據。

然而，華盛頓大學心理學教授馬克・麥克丹尼爾（Mark McDaniel）指出，使用劃線或螢光筆標記的方式並不能提高學習效果，反而可能產生錯誤的學習假象。他警告這些標記可能讓人誤以為已經完全掌握內容，進而忽略深入學習，這樣的閱讀方式既無助於學習，也有損危險。這種方式可能使人無法發現自己對某些內容或領域的不理解，無法產生進一步深入探究的自我反省。它只是一種重複閱讀但並未真正理解的方式，失去了挽救和拓展知識的機會。

同樣地，留下閱讀痕跡也存在危險，這會讓人產生假裝有讀、以為有讀的錯覺。以下介紹無法成為讀過書的證據，而是可能導致假閱讀的危險不在場證明吧。

- 劃底線：日後重新翻開書本會只注意到劃底線的段落，就無法好好閱讀前後文。不管是劃底線或整理都請之後再說，請先專注於閱讀本身。
- 摘記：閱讀時，關注特定段落不是重點，重點在於捕捉個人針對特定段落所產生的想法與感受。單純摘記與抄寫是不會產生這種效果的。
- 閱讀挑戰：一天讀一本書！挑戰閱讀的認證照！這種活動，顧名思義，只是聚焦於挑戰本身，並非閱讀的證據。雖然會因為互相打氣的留言進而督促自己閱讀，但到頭來這也只是閱讀的痕跡罷了。

抄寫的眞正技術

五英尺書架（five-foot shelf）是指哈佛大學推薦給學生的閱讀書單，原名為「哈佛經典（The Harvard Classics）」。這個書單的首選書籍是《富蘭克林自傳》。班傑明・富蘭克林被譽為美國國父，他從未接受正規的學校教育，而是在印刷廠工作，透過大量閱讀印刷品來自我教育。他的自學方法主要著重在閱讀、理解和細讀，將「精讀」作為學習的重點，並採用模仿優秀文章的方式進行寫作。

富蘭克林鑽研的抄寫方法，同時也是靠寫作為生的人，在練習寫作時一定會嘗試的方法。想把文章寫好就要深入閱讀，因為沒有比抄寫好文章更好的練習方法了。抄寫是動員寫作這個行為並同時閱讀，能培養更專注且細膩閱讀的閱讀習慣。抄寫不是單純的「寫」，而是透過細膩閱讀內容，進而提升閱讀能力。用抄寫練習閱讀就不會錯過任何包含標點符號在內的一字一句，會更加細膩地讀完整本書。

跟著範文寫吧

身為寫作教練的我，巡迴了全國各地進行大小演講及授課，人稱／自稱「抄寫傳道士」。無論在哪裡、對象是誰、用何種主題進行演講或授課，我的結論都是一樣的：

「想寫好文章，首重好好閱讀，用抄寫來練習閱讀吧，這樣寫作功力就會隨之上升。」

然而我最近都在阻止大家抄寫，因為開始抄寫的人急速增加，對抄寫有所誤解的人也隨之增加。最常見的錯誤是「隨便」抄寫一篇文章。用抄寫練習閱讀的重點就在挑選一篇好文章，甚至可說挑選一篇好文章才是抄寫練習的精髓所在。

範文是指邏輯明確，並用正確句子表達的文本。滿足這項條件的最佳文本包含教科書和新聞專欄。編撰教科書和新聞專欄的過程中會有最頂尖的專家團隊參與，針對內容、表達、標點符號等進行一次又一次的校訂。富蘭克林以閱讀為中心的自學之所以能成功，也是因為他抄寫了上流社會閱讀的新聞。範文的核心條件在於它經歷過編輯校對的專業過程，沒有比經過專業編輯校對才傳遞給讀者的文章，更適合用以抄寫練習了。

所有文章都是主觀且自私的，因為它必須為筆者的立場發聲。為此，出版社為了客觀傳遞作者主觀且自私的內容，必須進行編輯校對。若沒有經歷過編輯這種專業過程或是過於草率，會讓問世的這本書難以保障最低限度的信賴，也不適合用於抄寫。

PART 5

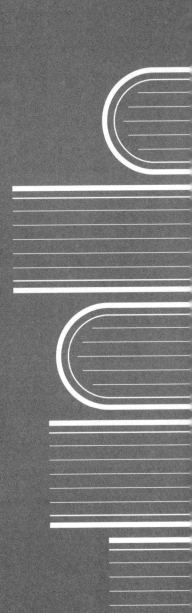

月薪族的閱讀致富計畫

「人生就像下水道，會跑出什麼取決於你放入什麼。」

——湯姆．雷勒（Tom Lehrer）

從MBTI類型看閱讀類型

你的MBTI是什麼？從個性到學習、理財甚至戀愛和人際關係，不管是純粹有趣或認真看待，人生所有面向都能用MBTI類型來衡量。那應該也有所謂的MBTI閱讀指南吧？先來檢查你的閱讀類型為何吧，以下項目符合者請打✓。

測出你的閱讀類型

A型

不看書。	
一年讀一到兩本書。	
看書只看最前面。	
很少把整本書看完。	
讀著讀著又回頭重讀。	

B型

會在社群媒體轉播讀書現場。	
一翻開書就會拍照上傳社群媒體。	
去知名圖書館會拍照上傳。	
一個人讀書覺得很孤獨，會去讀書會。	
抽空讀書。	

C型

讀完會在社群媒體介紹內容。	
會劃線閱讀並抄到社群媒體分享。	
會在空白處筆記。	
執行一天讀一本書的計畫。	
參加讀一百本書的聚會。	

D型

喜歡有聲書。	
會看 YouTube 等與書相關的影片。	
喜歡讀像新聞圖卡的重點整理卡。	
會找濃縮版來讀。	
看完書評就覺得自己讀完這本書了。	

E型

出現難懂的部分會跳過。	
只挑有趣的部分讀。	
出現太多不懂的單字會拿手機邊查邊讀。	
難以說明書本內容。	
只挑關鍵字讀。	

F型

看書會忘記前面內容。	
蓋上書本就不記得內容，只記得書名。	
有以為是沒看過的書而買過第二本的經驗。	
看了很多書，但沒什麼令人滿意的成果。	
看書時被問你在看什麼書時會猶豫。	

閱讀類型測驗結果

請寫下各獲得幾個√。

A型	
B型	
C型	
D型	
E型	
F型	

各類型特徵如下：

A型：不看書。

B型：假裝有看書。

C型：以為自己有看書。

D型：用小聰明看書。

E型：大略讀過。

F型：不太會看書。

在這個測驗獲得的√數量是假閱讀指數，越多就表示你的閱讀類型是與成為有錢人相距甚遠的假閱讀，只是在浪費閱讀時花費的注意力、時間和金錢罷了。如果只是將閱讀當作興趣倒無妨，但閱讀目標若是要成為有錢人，你需要其他更合適的方法。

投資的閱讀，消費的閱讀

有一次，我開車前往新城市附近，雖然開啟了導航，但最終得仰賴路標和指示牌。這是因為新城市周邊的新馬路近期開通，導航尚未更新，無法準確顯示我的位置。看著螢幕上車子就像漂浮在半空中，感覺有些恐怖。即使導航功能再出色，若無法確定車輛所在位置，就變得毫無價值了。

要實現成為有錢人的閱讀目標，確認自己的目前位置至關重要。想要將閱讀轉化為財富，必須深入了解自己的閱讀模式，才能安全、快速地達到目的地。

這回來冷靜評估你的閱讀型態吧，請一一確認並寫下答案，便能確認你目前的閱讀所在地：

1. 我看書的時候

看完沒有半點東西留在腦海中。	
看完會用檔案逐步整理內容。	
會在社群媒體分享閱讀經驗。	
定期參加讀書會。	
參加一天讀一本書的挑戰。	
讀完一本書會寫書評。	
曾因為寫了書評被出版社聯繫。	
雖然整理了但還是立刻忘掉。	
會把讀完的內容整理上傳至社群媒體。	
經營介紹書籍的 YouTube 頻道。	
看完書會向他人推薦。	

會邊劃線邊認真閱讀。	
會在社群媒體分享推薦文。	
曾用書評獲得稿費。	
是出版社書評推薦團成員之一。	

2. 一抓起書

會一口氣讀完。	
覺得困難就不讀了。	
會讀15分鐘以上。	
會讀30分鐘左右。	
會讀1小時左右。	
會讀一整個星期。	

3. 主要閱讀的內容

自我開發	

理財	商業經營	人文經典	隨筆	小說	文學	自傳	偉人傳記

4. 選書方式

名人推薦	朋友推薦	網路書店介紹文	大型書店陳列	讀書會的選書

暢銷排行	
社群媒體或 YouTuber 推薦圖書	
作者介紹	

5. 閱讀標準

看心情	
事先決定主題	
以暢銷書為主	
看廣告	

6. 讀書的原因

享受	
興趣	
累積知識	
自我開發	

加強不足之處	

7. 一個月讀幾本書

四本左右	
一本以下	
十本上下	
二到三本	

8. 閱讀時間

上班前	
下班後到睡前	
行程空檔	
通勤時間	
集中於假日	

9. 閱讀地點

大眾交通	
家（書房、餐桌、廁所）	
公司	
咖啡廳	
其他	

10. 書

買來讀	
借來讀	

11. 自我檢查後的感想是？

閱讀也需要練習與訓練

「我決定每天閱讀，就這樣過了十年，我成為一名暢銷作家，再也不須擔心退休或未來生計問題了。」

《我決定每天閱讀（暫譯）》的作者金範俊透過閱讀克服了四十歲中年的焦慮與絕望，面對職場的不安、孩子成長的挑戰以及家庭責任的重擔。他改變了閱讀方式，將閱讀從單純的興趣轉變為生活的一部分，不再只是打發時間，而是追求個人成長的工具。結果，他逐漸變得更接近自己理想的樣貌，生活也朝著他期待的方向改變。

聽到他的成功故事，讓我想起愛因斯坦曾說過「以相同方式做事卻期待不同結果，是瘋狂的表現」。如果閱讀方式沒有像有錢人那樣，卻期待著獲得相同的成果，那是不切實際的夢想。就像前面提到的測驗結果，若你的閱讀傾向是基於興趣，或者僅僅是抽空閱讀的狀態，那麼你就需要轉變為刻苦閱讀的模式，類似有錢人那樣。只有這樣，才有可能達到有錢人閱讀致富的真正層次。所謂的刻苦閱讀，是指像有錢人一樣，花費努力和時間，有意識、刻意地、主動地閱讀。

閱讀風格與效果無關

坊間存在各式各樣的閱讀方法，例如視覺化、討論、獨自閱讀，或是避免獨自閱讀……種種方法都聲稱能讓你「快速、輕鬆地閱讀大量書籍」。

然而，綜觀專家學者的研究，不論這些特定方法的好壞如何，它們的效果其實並不具有意義。印第安納大學醫學院的瓦萊里・奧洛林（Valerie Oloklyn）教授指出，無論採用何種閱讀方式，對實際學業成績的影響並不顯著。相信學習風格與實際結果之間存在著聯繫，與實際上會發生的效果則是兩碼事。最新以腦科學為基礎的研究也表明，與固守特定的學習方式相比，多元嘗試反而能夠提升記憶力和學習效果。同樣地，尋求透過閱讀致富的方法亦是如此。就算以輕鬆快速的方式閱讀大量書籍，這僅僅是一種自我安慰，與致富無關。

閱讀致富也需要練習與訓練

現在該來針對前面所做的ＭＢＴＩ閱讀指南下結論了，答案是沒有ＭＢＴＩ閱讀類型這種東西。讓我們回憶第二部分一一剖析過的有錢人閱讀祕密吧！有錢人讀書都是很刻苦的，想像他們一樣靠閱讀賺錢，就要像他們一樣刻苦閱讀，針對閱讀致富這個目標，需要在相當程度的時間內練習及訓練。

「興慾不是天上掉下來或一夕之間打造而成的選手，我們相信並遵循著一萬小時法則。」

這是在二〇一九年英國《BBC》訪問中，打造出被譽為史上最偉大亞洲足球選手，身價超過七千萬美元的孫興慜選手父親孫雄正所說過的話。他指出，成為有錢人的閱讀並非一蹴而就，不能僅僅是模仿或留下表面痕跡的一萬小時。真正有效的是有意義地進行模組化的練習與訓練，才是重要的。

在這個部分，我會分享能培養富人腦閱讀理解力的獨家專案，你可以利用它將以輸出為主，追求「讀得流暢，用得毫無顧忌」的閱讀技術化為己用。

像有錢人一樣閱讀，像小偷一樣閱讀

他一定在凌晨三點起床，前往書房讀書。翻開一本吸引目光的書，看到特別醒目的句子，還會發出「啊！」的聲音。

「我如果沒在那個時間起床、把那本書拿出來讀，應該到死為止都不會知道，某個我永遠無法得知的知識將會讓我的想法產生巨變吧。正因為我活著且閱讀，讀到那一頁，所以才開啟了過去、現在、未來的無數思考之路。如果呼呼大睡，至少我就不會遇到這本書。」

這是抗癌中也會凌晨三點起來讀書的李御寧博士曾說的話，他讀的「書」中總是有著只有他才可能出現的李御寧式獨特思維。「我凌晨起床讀那本『書』，發現平常想聽到的段落，發出『啊！』的讚嘆。如果沒有遇到那本『書』，沒有買下那本『書』，沒有翻開那本『書』，我將永遠不會知道這些內容。』

「若不閱讀，就無法遇見本該錯過的內容，如果沒有透過書本認識作者，想到我的思考就會停留在普通的水準……我就會開始出現奇怪的症狀。只要看到我挑的幾本書就會心癢難耐，像是裡面包含著我渴望發掘的寶藏。我應該快點去讀它，但我今天會有時間嗎？我感到自己就像個小偷一樣。」

像有錢人一樣閱讀確實是一種引人入勝的學習方式，但人生的轉變不會在一夜之間發生。雖然許多人閱讀，但真正成為富翁的人卻寥寥可數。原因在於「成為有錢人的閱讀」不是一種自然而然的現象，而是需要你先成為一個熱愛閱讀的人。這不是只要在社群平台上高呼「閱讀致富，從今天開始」就能成功的事情。這需要準備和計畫。

有錢人的字典裡沒有「隨便讀一讀」

BJ福格（BJ Fogg）在史丹佛大學研究行動經濟，二十多年來追蹤「人生迎來巨變的人的共通點」，發現他們不是著眼於熱情或意志，而是重複進行一些微不足道但能帶來改變的行為。同時，研究「作心三日」的專家指出，若希望改變和實現目標，首要之事是擺脫對於預測和控制一切目標相關幻想的束縛。雄心勃勃的計畫和意志力僅能支撐三天，相較之下，制定切實可行、小而實際的行動計畫，逐一執行，更為明智。將所想要達成的事分解成最小的部分，逐漸融入日常生活並堅持不懈，方能養成習慣。

要培養這種習慣，必須將其視為一個專案。專案需要明確的目標，並將要做的事情分解成多個階段和任務來實施。生活已經十分忙碌，要在其中安排時間刻苦閱讀的理由或許不夠充分，但將其納入專案，將這件事列為日常生活的優先項目，才能更有可能實現預期成果。

啟動月薪族的閱讀致富計畫

「月薪族的閱讀致富計畫」的目標是將僅僅模仿並留下表面印象的假閱讀轉變為真閱讀，並將閱讀轉化為財富。為了實現這個目標，首先設定了每週閱讀一本書的詳細目標，這樣一年就能閱讀五十本書。當然，若能多讀幾本書會更好，但因為我們生活節奏緊湊，每週設定閱讀一本書已經足夠。畢竟，閱讀一本書需要動用批判性思考和閱讀理解力。在缺乏閱讀理解力的情況下閱讀是相當具有挑戰性的，無法持續長時間。

爲期一年的「月薪族的閱讀致富計畫」

每週讀一本書，一年讀五十本書。第一年要專注於培養閱讀理解力。

以每天閱讀一小時為目標

目標是一小時，可以依照實際情形調整為四十分鐘、九十分鐘等，養成每天在固定時間閱讀的習慣。

實踐113魔法

每週專注閱讀一本書，在一週內用寫作、表達與行動將書本內容內化，如果是每週工作五天的上班族，遵守平均每天一小時，共閱讀五小時的規則，週末兩天則執行三種方式輸出，便能持續下去。

像有錢人一樣刻苦讀書，閱讀計畫

一八九二年，石油大亨約翰・洛克斐勒（John Rockefeller）創立的芝加哥大學原本被視為「金湯匙」富二代捐款進去的二流大學。但隨著時間的推移，這所大學如今與哈佛、哥倫比亞大學等齊名，甚至成為了一流學府，諾貝爾獎得主也是其中不乏其人。這種巨大的轉變源自於「芝加哥計畫」。該計畫起源於一九二九年，當時法學院教授羅伯特・哈欽斯（Robert Hutchins）擔任芝加哥大學校長，他提出了讓學生閱讀一百本經典作品的計畫。

即使如今，芝加哥大學的學生仍需閱讀經典著作，並通過負責教授的評價才能完成學業。這意味著捐錢入學的富二代學生們也必須勉強自己閱讀這些經典作品才能畢業。然而，在這個過程中，他們經歷了令自己也驚訝的轉變。僅僅閱讀了幾本經典著作，他們的思維和口才變得更加流暢，打開了新的視野，並且開始對閱讀產生了濃厚的興趣。最終，這所大學也取得了令人矚目的成就，培養出了九十一位諾貝爾獎得主。

期待「月薪族的閱讀致富計畫」也能為你帶來如此驚人的改變，以下提供本計畫指南供參考。要讓這項計畫成功，就必須滿足以下四個能培養富人腦的閱讀條件：

連結這四項條件的英文字母首字，就是「閱讀」的英文動詞「READ」。閱讀計畫旨在培養有錢人讀書的技巧和閱讀理解能力，同時也是提高「閱讀致富計畫」成功率的實踐方法，以下為你一一介紹閱讀計畫的具體技術。

月薪族的致富計畫的必要條件

Routine 習慣閱讀

用最小程度的努力持之以恆

Effective 效率閱讀

習得能輕鬆閱讀並理解運用的閱讀能力

Authentic 真誠閱讀

從假閱讀轉成真閱讀

Directionality 目標指向性閱讀

適合自己訂定的目標閱讀

要看書就自己看

全球最大的網路書店亞馬遜收購了提供書籍分享社交服務的Goodreads。Goodreads是一個讓使用者分享訂閱書籍意見及進行討論的平臺，無論是免費或付費、線上或實體閱讀，都有眾多人參與。這種閱讀分享的活動在新冠疫情期間變得相當流行。每天早上拍攝閱讀量和重點頁面的照片，並上傳以進行「奇蹟早安」挑戰，這項活動也受到廣泛歡迎。此外，還有一些活動即使沒有閱讀也能參與討論內容的宣傳活動。然而，我也好奇這種方式的閱讀能否讓人致富。大多數這類型活動著重於閱讀體驗，其目的在於喚起對閱讀的興趣和提升動力。

但你有聽過超級富翁聚在一起分享閱讀心得嗎？恐怕並沒有。他們不會參加這種活動，因為一方面他們沒有時間，另一方面對他們而言，閱讀的重要性不在於體驗，而在於閱讀後能產生的實質效果。將讀後感內化的過程才是有錢人關注的閱讀重點，他們深知這是他們自己才能做到的事情。

「製造出珍珠的並不是和其他貝類一起參加的研討會，而是鑽進貝殼的一顆沙粒。」

這是美國小說家史蒂芬・金（Stephen King）曾說過的話。沒錯，差異在於獨自完成的力量。就算參加再多能討論書籍、分享作者想法的各類活動，也一定要經歷過內化的過程，而這件事只能自己獨力完成。

有錢人都偷偷讀書

要瘦十公斤、買了某些書來讀、為了寫書買新書桌、要參加馬拉松、要凌晨起床做事……很多人會在社群媒體發出這類宣言。接著會有許多親友湧入點讚、按愛心，以及一堆讚美和鼓勵的留言。這種反應可以讓人感到振奮，但這些人最終是否真的達成目標呢？其實，在這些大肆宣揚的人當中，真正獲得滿意結果或成就的人卻是少數。為什麼會這樣呢？

紐約大學的彼得・戈爾維策（Peter Gollwitzer）教授指責，這種現象是因為把目標告訴他人會帶來「心態上的完成感」，讓人感覺好像已經達成了目標而不去實際行動。分享目標被視為達成目標的一部分，這讓人產生了一種錯覺。其實，最好自己默默去做，例如閱讀。像有錢人一樣，他們不會公開展示自己閱讀的證據，因為真正有價值的是行動本身，而不是炫耀自己的閱讀成果。別因為要即時在社群媒體上分享讀書成果而浪費寶貴的時間和精力，如果有那時間，不如多讀一行字吧。

閱讀時要主動

傑夫・柯文曾研究擁有偉大成就的人是怎麼鍛鍊才能的，他找出的模範答案如下。

「**為了變得偉大，需要刻意的訓練。**」

在任何領域，要取得卓越成就都需要刻意訓練，這是有意識地為了改進和進步而做的行動。舉例來說，高爾夫選手如果只是單純地打球，成績不會有所提升，因為缺乏刻意訓練。所謂的刻意訓練包括分析球技表現，做必要的調整和改進，並持續每天花幾個小時進行這樣的練習。

如果想像超級富豪一樣，擁有透過刻苦閱讀致富的閱讀能力，同樣需要進行刻意訓練。這種訓練需要主動控制自己的行為，才能帶來有意義的改變。

賦予優先權並嚴格執行

刻意閱讀的開始是培養像有錢人那樣的閱讀能力，設定具有明確目標和方向的閱讀計畫。要有方向性且刻意、有意識地執行計畫並產出有意義的成果，不能把閱讀當成一項單純的活動，而是要將其融入日常生活。這包括設定閱讀時間並將其排進行程表中，明確制定這段時間必須專注閱讀的詳細計畫，並嚴格遵守。最後，要檢查實際執行的成果。因為如果不把閱讀時間納入行程安排，很容易被其他急迫的事情或其他安排所推延。但如果提前安排閱讀時間，閱讀就會成為一項不能被忽視、必須實行的任務。換句話說，刻意閱讀就是賦予成為有錢人所需的閱讀時間優先權，並且嚴格執行。

自動自發地閱讀

社群媒體上想要炫耀的話，就得挑選些看起來比較亮眼的書。這類書通常由名人或專家在電視、YouTube、或網路上推薦，當他們說「這本書很棒」時，人們就會被迫去讀。但是，若只是盲目追隨暢銷書榜單上的書籍，將閱讀當成某種解藥硬著頭皮讀下去，想要透過這樣的方式致富是不可能的。這種沒有興趣的苦差事最終無法長久，因為它是由他人主導的行為。閱讀應該由自己主導，自己選擇想讀的書來閱讀。

世界知名的閱讀推廣者史蒂芬・克拉申（Stephen Krashen）教授鼓勵大家實踐「自由自主閱讀」（Free Voluntary Reading），也就是自主、自發且自由自在地閱讀。對於那些不太習慣閱讀、不喜歡閱讀、或者覺得閱讀很累的人來說，他指出，最適合他們的閱讀方式不是讀教科書、推薦書籍或暢銷書，而是讓他們自己挑選、自主閱讀他們感興趣的書籍。

閱讀你的人生經典

比爾・蓋茲的財富以每小時七百五十萬美元的速度增長，使得他每小時閱讀書籍的時間等同於價值七百五十萬美元的投資。這樣的人會用一小時來閱讀什麼書呢？如果隨意挑選一本，費用太高了。那麼，你閱讀的價值又是多少呢？先計算一下你的時薪。假設你年薪六十萬新台幣，每月工作兩百四十小時，那麼你的時薪約為兩百零八元。如果你花一小時閱讀書籍，機會成本就是兩百零八元，你會選擇閱讀什麼書呢？

你通常都閱讀什麼書呢？如果你還不確定，但希望閱讀成為通往財富之路的一部分，那麼從現在開始，要像有錢人一樣認真對待閱讀。根據克拉申教授的建議，一開始閱讀你感興趣的書籍，培養閱讀習慣後，就要開始閱讀能夠塑造你成為有錢人的書籍，這些書籍我們稱之為人生經典。人生經典是指由可以被視為人生典範的人所著，或者其內容值得作為參考或效法的書籍。有錢人閱讀的書籍通常被歸類為人生經典，因為他們絕對會挑選那些不可或缺的作品進行閱讀。然而，對於上班族來說，要閱讀有錢人閱讀過的所有書籍幾乎是不可能的事情，即使每天不停地閱讀，也無法在一年內完成，因為有錢人現在也在持續閱讀，他們肯定正在閱讀即將出版的新書。

從重要的書開始讀起

生產力專家史蒂芬・柯維提出一個極具幫助性的建議：列出人生經典清單。在他的著作《與成功有約》中，他指出成功的人士會將他們的能量和時間投放在閱讀、學習外語、運動等不緊急但卻重要的事情上。相對地，一般人則會把他們的時間消耗在電話、會議等既不急迫也不重要的事情上。在閱讀方面也是如此，成功的富有人士會專注於那些有價值且重要的書籍，而一般人則會花費在那些可有可無的書籍上。史蒂芬・柯維也建議，成功的人士能夠根據「重要事項優先」的原則，將各種事務分類為重要與否、緊急與否。這樣一來，他們就不會遇到時間管理上的問題，因為他們能夠清晰地區分出應該優先處理的事項。他分享了將時間劃分為四類使用的四分法，來看看「月薪族的閱讀致富計畫」挑選人生經典的四分法吧！

先讀重要的書

首先按照重要性與緊急性分成四大組：

區分	緊急	不緊急
重要	A 需要快點讀的重要書籍	B 雖然重要但不急著讀的書
不重要	C 急著要讀但不重要的書	D 既不緊急也不重要 但適合一讀的書

A需要快點讀的重要書籍

人生充滿著各種問題，正如要把時間優先用在解決火燒屁股的問題，想閱讀致富的話，也要把時間優先投資在某些書上，例如跟眼前必須馬上解決的問題有關的書籍，或是提供生活所需解決方案的書籍。

B雖然重要但不急著讀的書

建立人生哲學與價值觀、奠定知識基礎的人文素養書。學習生活技術、開發職涯、幫助你建立良好人際關係的書籍。文學、歷史、哲學、心理、宗教、自然科學、經濟、經營管理、藝術等人文素養相關書籍。

C急著要讀但不重要的書

能了解時代變遷和經濟變化的暢銷書、收錄熱門話題的新刊、與如何致富相關的書籍，以及能解決眼前問題的工具書。

D既不緊急也不重要但適合一讀的書

引人入勝的處世、自我啟發書籍，能激發短期自信心或熱情的書。

多數人都覺得應該把時間和精力花在A象限「需要快點讀的重要書籍」，但富人反而會將時間最優先投資於B象限的人文素養書。可以說有錢人與一般人閱讀的差異，就在於讀不讀B象限的書，為了能更快讀完A象限的書，也得先讀B象限的書，在大腦編織好知識網。雖然緊急但不重要的書雖然能解決眼前的問題，但重要卻不緊急的書才能讓你的人生致富，來挑挑你應該要讀的書吧！

需要快點讀的重要書籍	雖然重要但不急著讀的書
急著要讀但不重要的書	**既不緊急也不重要但適合一讀的書**

不管是哪本書，都先讀五十頁

在這個追求簡便、迅速和便利的時代，像有錢人一樣深度閱讀一本書實在是一次大膽的嘗試。因此，許多人可能只讀了書的前半部分就闔上了書本。就像汽車愛好者在購買新車後，會全速加速，盡可能發揮車輛的最大馬力來保養車輛一樣。我們也可以嘗試遵循有錢人的閱讀方式，成為能夠輕鬆閱讀完整本書的閱讀家。每次閱讀都是展現最佳表現的機會，我們可以優化自己的記憶力，提升閱讀效率。

每天讀五十頁

即使是大忙人比爾・蓋茲，每週還是會抽出時間閱讀一本書。他以每日五十頁的速度閱讀，這也是大部分書籍的平均分量。最新的書籍頁數不多，每天閱讀五十頁相對輕鬆。成年人平均每分鐘能閱讀三百個字，因此五分鐘足以閱讀一千五百個字。閱讀一本平均十萬字的書籍大約需花費五到六小時，因此一週時間充足完成一本書。

英國閱讀家兼作家安迪・米勒（Andy Miller）也提倡每天閱讀五十頁，這份閱讀量不算過多，雖然不會一下子讓人振奮，但每天堅持閱讀五十頁有助於確保持續投入閱讀的時間。他認為每日五十頁是培養閱讀習慣最恰當的量。《圖書慾望（Book Lust）》作者兼圖書管理員南希・珀爾（Nancy Pearl）也主張無論什麼書籍都應先閱讀五十頁，若閱讀到此部分後沒有持續閱讀的意願，則可停止。與其受制於「必須讀完」的壓力，閱讀五十頁後再決定是否繼續更為合宜。

年紀－50頁的法則

南希・珀爾提出了一個有趣的標準，以年齡來決定最小的閱讀量。儘管世界上有大量值得閱讀的書籍，但隨著年紀增長，我們可以花在閱讀上的時間也越來越少。若一本書對我們並不具有特別意義或有趣且有用，硬著頭皮繼續閱讀未必是正確的。例如，若年齡未滿五十歲，建議先閱讀五十頁後再決定是否繼續；若超過五十歲，則先閱讀一百減去年齡的頁數後再做決定。例如，若你四十歲（100-40=60），則閱讀六十或五十頁；若你六十六歲（100-66=34），則閱讀三十四頁後再決定是否繼續。一般來說，根據南希・珀爾的建議，閱讀完五十頁後，多數人會選擇繼續閱讀下去，因為五十頁是很適合開始閱讀的量。

我會依據書籍的種類以不同的方式閱讀，有些會從頭到尾閱讀，有些會快速瀏覽，也有些可能先讀有趣的部分後再回頭讀前面。即使先讀有趣的部分，我也會閱讀滿五十頁，然後再決定是否繼續閱讀下去。

訂定誘人的目標吧

在閱讀人生經典書籍的過程中，就像開車在高速公路上行駛，可能會漸漸感到疲倦，就像開車一樣，當你持續在同一車道上奔馳時，可能會開始感到困倦，就像是靠近休息站的距離還有段路程，為了避免疲勞駕駛，你可能需要一些方法來提振精神。這時是否應該變換車道，超車一下呢？在成為有錢人的閱讀之旅中，超車被形容成一個吸引人的選擇，這是一個可以擺脫無聊、疲倦、甚至睡意的速度快感的選擇。

設定閱讀主題

設定閱讀主題確實有助於更高效、更快速地閱讀。將特定主題的書籍集中閱讀，能夠快速建立對該主題的知識體系，加深對其理解，並使閱讀過程變得更加有趣。在決定主題時，將焦點放在更細緻、更專業的內容上相對更為有益。例如，與其僅設定「工作變遷史」這樣廣泛的主題，更好的方式是設定「新冠疫情後，自由業是否會迎來全盛時期？」這樣更實際且具體的主題。這樣的設定能夠使閱讀更具感染力和趣味性，讓閱讀過程更加豐富而有意義。

一個主題讀一百本書

崔凱莉強調，無論在哪個領域，要成為有錢人都要讀完一百本書才能真正洞澈那個主題內容。她也並非從一開始就很會閱讀，但在強迫自己讀完一百本書後，讀書腦就此形成，現在的她不管讀什麼書都能獲得與事業相關的點子和洞察。

爬上主題的山

決定主題後就要開始涉獵相關書籍，我把這稱為「爬上主題的山」。仔細觀察主題樹就能達到山頂，達到專家的水準。如此一來，除了能看到與主題相關的東西，連其他領域的東西也看得見。

崔凱莉認為比起讀完一百本書，更難的是怎麼選書，她更強調一切都從選書開始，因為選書會左右閱讀品質。崔凱莉建議選擇有親身經驗的人所寫的書為宜，假設若對購物網站有興趣，那就該集中閱讀在這個領域獲得成功的人所寫的書。

成爲細部主題專家

崔凱莉表示，讀完某個領域的一百本書相當於獲得該領域的學士學位。她強調閱讀這一百本書時要專注且全情投入。透過閱讀一百本書，能夠內化一百位作者的思維模式和技巧，進而提高實現目標的機會。如果在閱讀過程中發現某本書特別有意義，她建議多讀三四次，將其完全內化成為自己的知識。

一旦確定了合適的細部主題，通過閱讀一百本書，可以獲得更多更深入的了解，最終達到能夠教授他人的程度，也就是成為該細部主題的專家。社交媒體上有影響力的網紅就是這樣的細部主題專家。

成爲愛吃書的狐狸

在閱讀的誘人目標中，最後壓軸就是寫書，就像愛吃書的狐狸先生那樣。繪本《愛吃書的狐狸先生》的主角對書的愛太深，最終他把書給吃了。作者因為喜歡書才讀書，結果變成寫書的名人，甚至還接受訪問、演講，總之這就是閱讀致富的「完美句點」。希望你們也像愛吃書的狐狸一樣，去挑戰閱讀之路的終點有些什麼吧！

尋找專屬自己的閱讀主題

美國有研究超級富翁的專家湯姆・柯利，日本也有本田健這位專家。他以年薪超過三千五百萬日圓或資產規模達一億日圓的日本人為研究對象，研究了「百萬富翁的心態」。經過細部問卷調查後，本田健篩選出二十位人選進行訪問，並以此資料為基礎，找出他們成為百萬富翁的共同祕訣，而他對有錢人的定義也非常有趣：

「做喜歡的事，與信任並支持自己的人住在想住的地方，感受到滿足的生活，這就是成功的有錢人的樣子。」

對巴菲特而言，投資也併非賺錢的手段，而是他喜歡的事情：

「做你喜歡做的事吧，不要為了錢而做，而是做你喜歡或熱愛的事。如此一來，錢就會自動滾進來。」

在「閱讀致富」旅途中決定喜歡的閱讀主題，就跟進入「財富超車線」一樣。但據說「做自己喜歡做的事」這個建議會引起年輕人反感。但這並非因為他們不懂這個道理，而是因為很難找到自己喜歡的事是什麼。

閱讀可以讓你發現自己喜歡什麼

如果尋找自己喜歡的事物或主題很困難，可以從與自己感興趣的事相關的書籍開始閱讀。在閱讀過程中，可以預先體驗這個領域，觀察自己的反應。通常，針對特定職業所寫的書籍會呈現最佳的一面。

如果讀完這些被美化的內容卻沒有引起興奮或期待，那可能就不太可能喜歡這個主題。我在大學四年級的暑假偶然閱讀了一本探討文案作家世界的書。在閱讀過程中，我內心澎湃，經常感到激動，因為作者所描述的文案作家工作充滿魅力。結果在那年十月，我踏入了文案作家的領域——這件事發生在我讀完那本書三個月後。此後，我不斷經歷著因閱讀一本書而轉職，甚至因為看了本書而決定不當月薪族的強烈體驗。

發現人生主題的方法

你不知道自己到底喜歡什麼嗎？有一個小祕訣可以試試看：看看你花錢的痕跡吧。看看你的卡費清單和收據明細，還有你的行事曆。除了日常工作之外，你最常花時間和金錢的地方往往就是你真正感興趣的事物所在。無論誰都會在自己感興趣的事情上花費時間和金錢。從這個角度來看，行事曆和收據能夠為你揭示出你真正喜歡的事情。

收據＋行事曆

再來看看你的書桌吧！你買的書大多是探討哪些主題？那個主題很可能是你的優勢或你所喜愛的事物，甚至可能是你想要深入探究的領域。也可以觀察一下你在書店首先關注哪一個領域的書，以及你停留最久的地方。如果你常去公共圖書館，觀察一下你借閱的書單。雖然不是花錢買的書，但借閱書籍同樣需要花費時間和精力。看看你借了哪些書吧！這個過程中，你很有可能發現自己喜歡的事情，也找到應該閱讀的書籍線索。

收據＋行事曆＋書桌

我的行事曆滿滿都是看書、寫書、被要求寫書、推薦書的安排，我也很常在書店刷卡，所以我才會成為一個看書、寫書、推薦書的冊士。還有一個找到閱讀主題的提示，就是你的口頭禪。平時常聊什麼就表示你常常想這件事，人們通常都會依照自己的想法行動，觀察你平常掛在嘴邊的話題是什麼吧。來，讓我們整理一下找到喜歡事物的閱讀公式吧！

收據＋行事曆＋書桌＋口頭禪

如果閱讀是為了找出人生主題並加以發展，那投入閱讀的金錢、時間和能量也能提高你的收入，這也是月薪族要透過閱讀成為有錢人的最高階段。

讓閱讀變有趣：製作致富願望書單

為了協助大家更專注地投入閱讀目標，有件該做的事情，就是建立一份與目標相符的選書致富願望書單。願望清單（bucket list）是指從死前一定要做或想做的事，致富願望書單（booket list）的意思則是「要成為有錢人必讀的書單」。

建立致富願望書單可以把符合特定主題的書籍一網打盡，而這份書單的重點在於啟發各種創意的曼陀羅思考法。這種方法是先確定核心創意，然後有系統地衍生出執行這個核心創意所需的下一層創意。因為它長得很像佛教的曼陀羅，所以被稱為曼陀羅表，利用曼陀羅表製作你的致富願望書單吧。

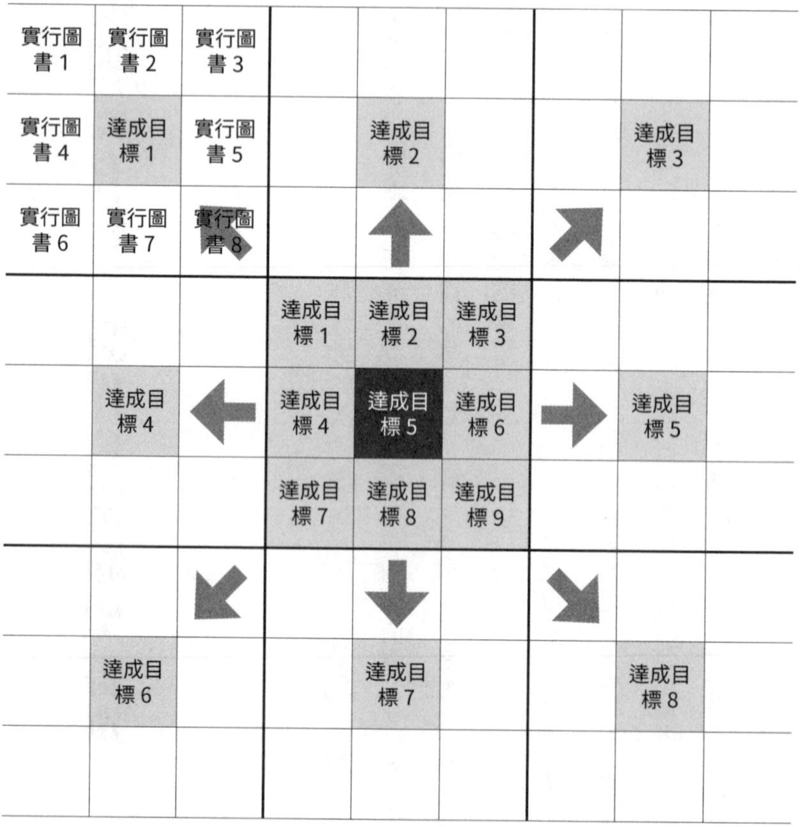
實行圖書 1
實行圖書 2
實行圖書 3
實行圖書 4
達成目標 1
實行圖書 5
達成目標 2
達成目標 3
實行圖書 6
實行圖書 7
實行圖書 8
達成目標 1
達成目標 2
達成目標 3
達成目標 4
達成目標 4
達成目標 5
達成目標 6
達成目標 5
達成目標 7
達成目標 8
達成目標 9
達成目標 6
達成目標 7
達成目標 8

1. 先畫出3 × 3九宮格。
2. 在最中央寫下核心目標。
3. 在核心目標周圍的八格寫下達成目標。
4. 再以達成目標為中心製作九宮格。
5. 在每個達成目標周圍的八格寫下實行圖書。
6. 如此一來就能列出六十四本實行圖書清單。
7. 一星期讀一本書。

來舉個例子吧，這裡以「寫一本和內容產業相關的書」為目標，整理出必讀書單，讓我們來一探究竟。

核心目標：寫內容產業創業書

為了達成核心目標，把八個分類囊括進達成目標。

• 提前退休時代／為什麼是內容產業？／辭職退休後創業／尋找擅長的事／內容行銷／社群行銷／內容行銷寫作／在百歲時代生活

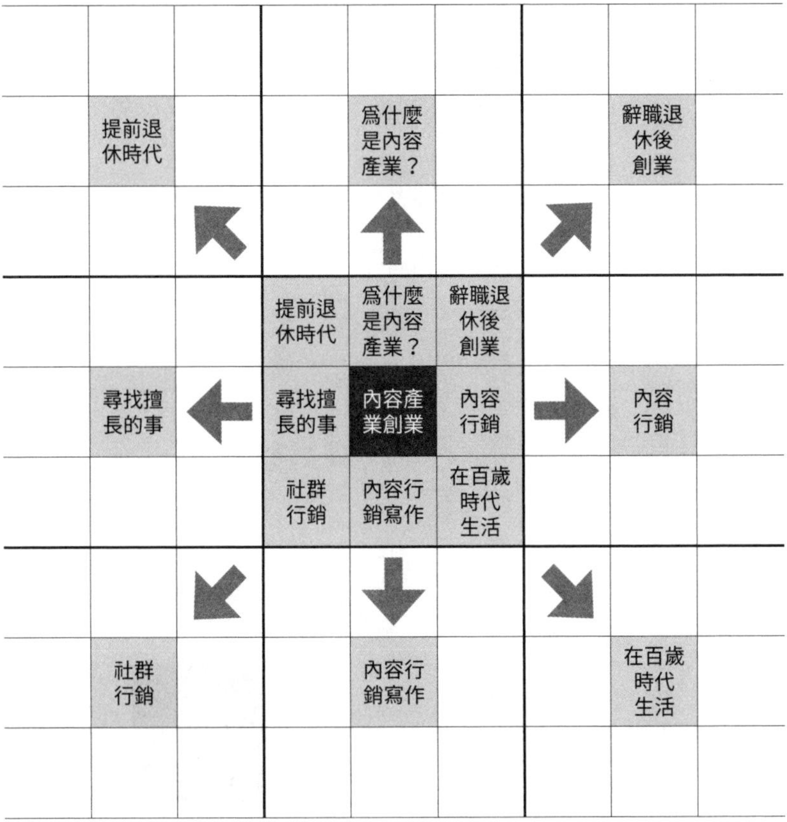
提前退休時代
為什麼是內容產業？
辭職退休後創業
提前退休時代
為什麼是內容產業？
辭職退休後創業
尋找擅長的事
尋找擅長的事
內容產業創業
內容行銷
內容行銷
社群行銷
內容行銷寫作
在百歲時代生活
社群行銷
內容行銷寫作
在百歲時代生活

將這些內容放進曼陀羅表，就會如同左側表格。

接著在子目標「內容行銷寫作」挑選八本書填入，如下圖。

華倫・巴菲特寫作	哈佛寫作	網頁寫作
抄寫	內容行銷寫作	製作內容
情報工程	製作網站	使用經驗（UX）書寫

像這樣將空格逐一填滿，就能列出幫助你達成目標的六十四本書單。但按照這份清單閱讀，真的能讓人寫出一本書嗎？——當然，我正是利用這份清單，在二〇二一年出版了《用零資本打造財富超車線的內容行銷》一書。

用文字說明看起來有點複雜，但實際活用曼陀羅表會發現其實很容易也很有趣，還會產生想快點把書單上的書讀完的躍躍欲試感。這份以曼陀羅表建立的致富願望書單就像密度高又結實的骨幹，讓你透過閱讀致富的計畫變得更加紮實，還能送上達成目標的期待感。

閱讀致富的黃金時間法則

查理・蒙格在年輕時從哈佛法學院畢業後開始擔任律師，那時他還不認識華倫・巴菲特，而這段時間可以視為他踏入投資界之前的階段。他當時每小時諮詢費用為二十美元，屬於當時市場上表現不錯的律師。某天，他突然好奇「誰才是我最重要的客戶？」最後，他得出的答案是：他自己。經過這個體悟，他決定每天要保留一小時給自己，這段時間是凌晨。這不僅僅是他留下無法出售的時光，而是他將一天中最寶貴的時間保留給自己，而把剩下的時間才拿來服務客戶。

「每個人都要成為自己的顧客，就像你為其他人付出時間工作那樣，你也要把時間賣給你自己。」

他將那最寶貴的一小時用於閱讀，日復一日地堅持了數年，閱讀了數千本書，探索不同領域知識間的相互關聯。透過這樣的挑戰，他理解了各種知識是如何相互影響的。即使現在他已經九十幾歲了，他仍然認為自己比五十幾歲時更出色，是個更傑出的投資人。他還補充道：

「看看被電子機器和多任務處理占據一方的時代，我能自信預言他們都不會比每天熱衷閱讀的巴菲特更加成功。若想獲得智慧，就要把屁股貼在椅子上坐好。」

每天固定時間

要養成每天閱讀六十分鐘的習慣，最好在固定的時間進行閱讀。

大腦和身體都更容易接受日常固定的模式，因此需要在每天同一時間點執行，以確保持續性。若因為即將發生的事情或需要離開座位，心情會開始受到干擾，這會影響專注力。也最好不要處在易受干擾的環境，因為在這個專心閱讀致富的六十分鐘中，保持完全的專注至關重要。

抽空→完整時段

電腦工程師兼投資人保羅・格雷厄姆（Paul Graham）提出，無論在做什麼事情，想要取得最佳成果就需依據工作的性質進行時間組織與管理。那些能出色完成特定任務的人都懂得充分利用連續的時間段，專注於自己的工作。若想透過閱讀成為有錢人，不能僅僅在抽空時讀上五、十五分鐘，而是需要有一個完整的時間段，就算再短也至少要有一個小時，這樣才能深入理解書中的內容並真正內化。

像比爾・蓋茲和伊隆・馬斯克一樣，他們把會議時間壓縮至以分鐘計的單位；傑夫・貝佐斯也將報告書改成了申論的形式，以節省會議時間。他們善於利用碎片時間湊成完整的時間段來閱讀。若要像他們一樣透過閱讀賺錢、守住財富並不斷創造財富，我們也需要像他們一樣，湊出一段完整的時間來閱讀。

充滿能量的時間

決定閱讀的時間並不僅僅是設定一個固定的時刻，而是需要先了解你身體最有活力的時間，然後把那段時間定為閱讀時間。心理學家羅伊・鮑邁斯特（Roy Baumeister）教授指出，意志力會隨著使用而逐漸枯竭，在意志力耗盡的狀態下，即便是執行簡單的任務也容易失敗。因此，他建議建立良好的習慣比單純依賴意志力更為重要。

我們每天可支配的能量是有限的，早上的能量在一天的行程中逐漸耗盡，因此，下班後大家都感到筋疲力盡。在耗盡能量的狀態下閱讀，記住書中的內容是非常困難的。關鍵在於要「找出你最有活力的時間進行閱讀」，而不是「在固定的時間進行閱讀」。對於成功人士來說，他們最有活力的時間通常是清晨，因此他們大多在那個時段進行閱讀。但如果你在白天或深夜更有活力，那個時段進行閱讀也是可以的。不過，觀察到晨間閱讀的優點後，我相信你也會開始計畫晨讀。

睡前↓睡醒

有錢人常在凌晨閱讀，因為他們認為清晨是一天中最具活力的時刻。這是因為他們知道接下來的一天會遇到各種不同的挑戰，因此希望先把重要的事情做完。推特創辦人傑克・多西（Jack Dorsey）的說法或許可以讓你對有錢人為何喜歡在凌晨閱讀有更深入的認識。

「用閱讀讓心情在很好的狀態下開啟一天，那天不管發生什麼事，不管多忙碌，都會感受到成就感。」

既然已經計畫好用一小時的閱讀時間來閱讀致富，為何不順勢養成一個新的習慣呢？把閱讀時段從睡前改到早晨，讓你在開始一天之前享受一段寶貴的閱讀時光吧！這份清晨的新鮮時間就像一份禮物，值得用來投入閱讀。在充分睡飽後的清晨，大腦已經充分休息，處於重新充電的狀態，這是最佳的專注與理解力時段。相比於疲憊了一整天的傍晚或深夜，這時大腦不容易發揮同樣的功能。

也讀書→只讀書

對於如何培養寫作習慣，村上春樹曾這麼說過：

「在固定時間坐在位子上，在固定時間做該做的事情——寫作。就算寫不出來也不要做其他事，就坐在位子上。」

像村上春樹那樣試試看吧，每天在固定的時間和地點坐下來，打開書籍。即使讀書進展緩慢，也絕對不要分心做其他事情，這樣逐漸會感到無聊而開始投入閱讀。在這一小時的閱讀時間裡，只專注於閱讀，不要花時間整理筆記，將閱讀後產生的想法寫在書的空白處，即使有需要查找的內容也先做個註記。當然，把手機收在看不見的地方是最理想的。

成爲有錢人的黃金時間

達成「成為有錢人」的目標需要在能量、時間和日常活動中有效管理閱讀。對於這個閱讀目標，關鍵在於將閱讀視為每日最重要的任務之一，並在行事曆中給予相應的時間，這可能需要放棄或調整其他日程。就像在沒有確保資金的情況下進行工作會最終失敗一樣，若不特別安排閱讀時間卻期待透過閱讀成為有錢人，很可能最終以失敗告終。

閱讀時間就是成為有錢人的時間，你的這段時間是幾點到幾點呢？如果還沒決定好，或是想要更動，以下提供幾點建議，幫助你尋找專屬自己的黃金時段：

第一階段：找出致富時間

請填入以下欄位的答案，找出你的黃金時段。

最容易專注的時段？	
容易專注的原因？	
每天都固定嗎？	
可以持續幾分鐘？	
閱讀致富致富的黃金時段為？	每天　點起，共　分鐘
為了黃金時段，需要調整的事情？	
為了在黃金時段專注所需要的對策？	

第二階段：創造致富時間

如果沒有時間，就想辦法創造時間，你可以效法查理・蒙格，買下工作時間或休息時間。或是像比爾・蓋茲在微軟工作時一樣，每年安排大約兩週的時間，駐足於某個鄉間，專心閱讀和分析資料。在這段時間內，他只要想到新點子就會與相關負責人分享，重複著閱讀思考及產出的過程。

你也可以像比爾・蓋茲一樣，刻意安排時間。例如，設定每天一小時的閱讀與思考工作坊。在我上班時，常常以午餐約會為藉口，獨自去咖啡店或麵包店，利用這段偷來的時間閱讀我借來的書。現在，若我有太多閱讀清單上的書籍未讀，我會像要去辦重要的事一樣，利用閱讀會館或以小時計費的公共空間獨處。在這樣的環境中，你無法做其他事情，只能閱讀。另一種做法是，挪出較長的時間，搭乘長途火車到最遠的站點，在旅途中專心閱讀。像這樣的閱讀之旅可以讓你輕鬆地完成兩三本書的閱讀。

第三階段：每天在相同時間、地點讀書

雖然走到哪裡都可以閱讀，但當想要專注閱讀一小時的時候，選擇地點至關重要。每天在同一時間、同一地點閱讀有助於建立習慣。若將閱讀時刻分散於通勤途中、午餐後的辦公室休息區、床上或客廳沙發上……閱讀時間會隨之分散，專注力也會下降。專家建議，不論是星巴克還是圖書館，每天選定同一閱讀場所效果最佳；如果把不同習慣跟環境混在一起，則會讓專注變得更難。李御寧博士在自家工作室擁有多台電腦，每次工作都使用不同的電腦，因為當他坐在A電腦前時，就會自然想起先前進行到一半的工作。我自己也培養了在按摩椅上看美劇的習慣，因此很難在那裡靜心閱讀。無論閱讀地點為何，都希望你能為了邁向致富的閱讀策略，準備一個能讓你專注的神聖場所。

專注於閱讀的規則與準備

「月薪族的閱讀致富計畫」中最具挑戰的部分，無疑是抽出一小時專注閱讀投資。不僅要在生產力最高的時間中擠出這段時間，更難的是在這六十分鐘內保持高度專注。集中注意力很容易受到各種干擾，連持續十五分鐘都是一項挑戰。研究指出，人類的注意力平均每八秒就會分散，這比能專注九秒的金魚還糟糕，幾乎無法順利閱讀三、四行的短段落。若連短段落都需要兩三次停頓，理解內容及記憶更是難上加難，更別提從閱讀中獲得樂趣了。

閱讀需要規則與準備

要精確運用好不容易騰出來的六十分鐘，需要採取一系列規則與準備工作，以降低分心與衝動。舉例來說，將手機設為飛航模式、在這段時間不離開座位等紀律，都有助於培養一小時閱讀的習慣。同時，提前準備要閱讀的書也至關重要，免得思索要讀哪本書而浪費時間。突然感到口渴或需要進出房間、突然想起緊急事情要處理，都可能打斷閱讀時間，讓實際專注於閱讀的時間不到一小時。為了避免這種情況，提前準備好飲水、便條紙、筆等物品是很重要的。以下以我個人的經驗為例：

我天生就是個晨型人，幾乎每天都在相同的時間醒來，最晚也不會超過四點。我會先讀

項目	舉例
閱讀時間	起床後一小時
閱讀場所	廚房餐桌
準備物品	書、紙筆、便利貼、計時器
閱讀規則	把手機放在其他地方

完前一天準備好的書，為了延續前面的進度，打開WORD檔。這段時間是我大腦最活躍的時刻，我會投入四個小時進行閱讀和思考，通常到了早上八點左右。

我把早晨這段時間稱為我的「黃金時段」，因為這是一天中我感到最佳狀態的時刻。就像廣告最貴的時段一樣，我的黃金時段一直持續到早上八點，所以我通常不會錯過。但我並沒有刻意為了這段時間付出額外的意志力。時間到了就醒來，醒來就開始閱讀，閱讀後大腦活化，然後開始寫作……這都不需要特別的努力，只是因為這樣做能讓我感到充實和開心。當黃金時段差不多結束時，我的肚子也開始餓了，畢竟從清晨就一直在動腦。這時我會關上電腦，離開工作室。因為我已經完成了一天中最重要的事情，每天必做的事情，所以心情輕鬆，同時感覺今天的自己也很棒。

將閱讀可視化

馬歇爾・戈德史密斯（Marshall Goldsmith）是「世界最具影響力的商業思想家十五人」之一，在領導能力方面被認為是最出色的教練之一。他的諮詢費用極高，一次諮詢可能達到二十萬美元。他曾為眾多世界級企業提供領導力諮詢服務，客戶涵蓋谷歌、波音、葛蘭素史克等超過一百二十家公司的CEO和主管。在接受他的指導時，每個人總會聽到這句話：

「為了實現你希望達成的改變，唯一辦法就是斬斷舊有的慣性枷鎖。」

閱讀作為致富策略時，最大的障礙就是慣性的枷鎖。馬歇爾・戈德史密斯建議，要打破這種慣性枷鎖，尋求改變，最好的方式是運用檢查清單（checklist）。制定達成目標所需的實際行動計畫，並每天確認執行，是一種輕鬆且有效的改變方式。如果想斬斷假裝閱讀、以為自己有讀書的慣性枷鎖，建立有助於致富的閱讀習慣，可以勾選的檢查清單就是你最強而有力的幫手。

透過檢查清單自主跟進

根據針對一千六百位以上研究對象的結果顯示，每天記錄飲食習慣的人，其減重成功率比未記錄者高出兩倍。運用檢查清單追蹤習慣的細微變化，為改變帶來了契機。研究團隊指出，這種追蹤勾選的效果幫助他們堅持下去，不會半途而廢。

將目標分解為具體的執行計畫，並列成檢查清單進行每日確認，雖然看似瑣碎或容易被質疑成效，但實際效果卻很顯著。每日完成所定閱讀量並勾選項目後，能帶來「今天也完成了！」的成就感和滿足感。這樣的實踐可以提升自信，避免半途而廢。像有錢人一樣大量閱讀、長期閱讀，是持續一生的計畫，在這漫長的旅程中，檢查清單能激勵你持續努力。

為了執行任務，建立一份專屬自己的檢查清單吧。在每日閱讀任務完成後，歡呼「任務完成！」並在清單上打勾。只要天天進行勾選，就能形成強大的連結，將檢查清單和曼陀羅表放在顯眼的地方，可以將通向財富之路拉得離你更近。

然而，要養成一個習慣需要多少時間呢？研究顯示結果多樣，但平均而言需要約六十六天。持續六十六天重複某項行為，使身體熟悉此習慣。如同研究有錢人的湯姆・柯利所建議，成為富有的人需要先培養六十六天的例行公事。

將習慣變成例行公事的檢查清單

設計出最符合你需求的計畫，使閱讀致富成為例行公事，讓這習慣自然地融入生活中，毫不費力地實現。製作一份檢查清單，每天檢視進度。

為了實現閱讀致富的目標，檢查清單應依據個人能力、水準和目標來製作，這樣才容易實現。一般的計畫未必適合每個人，跟隨別人的計畫可能耗盡心力卻以失敗告終。製作一個適合你情況的、獨特的計畫才是關鍵。以下提供一個可供每個人嘗試挑戰的範本。

首先，將一週劃分為平日每天閱讀一小時（五天），週末則用於產出（兩天）。產出活動可以從前面介紹的七種方法中選擇，例如整理T&D、撰寫書評或閱讀隨筆。每日目標設定為閱讀一小時並抄寫新聞專欄，接著製作以下檢查清單。平日以閱讀一小時和抄寫新聞專欄遵循閱讀致富的五小時法則；週末則以三個步驟：閱讀後的寫作、演講或實踐來完成「113魔法」。以下的檢查清單是為期一個月，一共四週的份量。

月薪族的閱讀致富計畫－ 113 魔法檢查清單

週次		第一週	第二週	第三週	第四週
1 天閱讀 1 小時	閱讀				
	抄寫				
	閱讀				
	抄寫				
	閱讀				
	抄寫				
	閱讀				
	抄寫				
	閱讀				
	抄寫				
3 種輸出	T&D				
	書評				
	隨筆				

光是去逛書店就能有所收穫

對於房地產投資者來說，實地考察是不可或缺的。就像他們會親自去探查可能投資的不動產物件一樣，有錢人把創意點子視為生命中的一部分，因此常常會進行「場勘」。思想富翁的「場勘」指的是前往書店，他們喜歡在書店裡尋找新的刺激。在實體書店，他們透過書籍封面收集各種資訊，並從櫃檯上的書籍了解目前最熱門的主題。透過探索由出版社和專家製作的高品質文化內容，可以獲得相當的信賴度和保證。

買書錢是最低廉的成功費用

金逢進會長保證，閱讀雖無法保障人生一定大獲成功，但絕對能讓你過得更充實。他正式開始閱讀是在二〇〇八年，那時已是三十多歲中期。在他的家具業失敗後，為了找出失敗的原因，他決定效仿成功人士的習慣。他埋首研讀描述成功人士故事的書籍，發現他們的共通點就是持續而大量的閱讀。從那時開始，金逢進會長也持續地閱讀，為了強化自己知識不足的形象，還開始在臉書上分享所閱讀的書籍。這樣的生活持續了數年，也塑造了他身為「讀書王」的形象。為了實現目標，金逢進會長像某些富豪一樣將閱讀視為不可或缺的一環。至今，他仍然大量購買書籍並持續閱讀。

為了鼓勵員工閱讀，金逢進會長甚至在公司內開設了圖書館，並且不問全體員工書費需求，全部提供補助。唯一的原則是必須在實體書店購買。這種限制基於他的信念：「花錢買的書會更有閱讀動力」，他相信在書店選書的經驗是閱讀的起點。公司的五百多名員工平均每月購書費用為十二萬韓圓（約新臺幣三千元），相當於每月平均能閱讀八本市售書籍。金逢進會長認為這不是支出，而是一種投資。他堅信員工透過閱讀能有更深入的思考，公司也能因此共同成長。考慮到閱讀對公司成長的幫助，這樣的投資成本其實不算太高，不是嗎？

數位時代爲何要逛書店？

在這個數位時代，我們只要在網頁上點選幾下就能將書籍送到家中，你或許會問為什麼還要親自前往實體書店呢？觀察周遭的人群，你會發現越是從事數位產業的人，越喜歡親身造訪實體書店。他們深知在數位時代，點子的價值至關重要，而書店則像是滿載點子的自動販賣機。

數位趨勢專家宋吉永認為，他在書店學到了人生中最重要的事情。對他來說，書店是慾望的展場，每次走進書店，都可以看到人們的慾望被轉化成文字表達，化為實質的書籍存在。在書店裡，你能掌握各個領域引人入勝的主題，觀察櫃臺上展示的書籍，也能感受到社會的變遷。對於靠著提出點子為生的人來說，他們透過觀察暢銷書籍，尋找著那個引發共鳴的理由。

「如果新負責的專案不順利，我常會去附近的書店，在書架之間漫步及迎接瀏覽書籍時『啊！』地發出驚嘆的瞬間。那是書觸碰到我內心的某一處，帶給我靈感的瞬間，是書本給我的珍貴禮物。」

廣告人出身，目前在經營書店的崔仁雅這麼說。書店就像是魔法之地，常常充滿新鮮的資訊、令人振奮的刺激和新的連結。對於不確定該閱讀何書的人來說，實體書店非常寶貴。這些人走進書店，不知該注意哪本書，只是漫無目的地瀏覽書籍，隨意地觀察每個書架區域。很容易就會發現，有些人在某個瞬間被某本書所吸引，這是因為在書店翻找書籍時，能喚醒他們甚至自己都不曉得的內在興趣。

書店是活著的，會行動的

在思考受阻或需要新的想法和創意時，我總是會去書店。原本困擾著我的想法就像被解開的節點一樣，突然間豁然開朗。雖然書店售賣的是書籍這些靜態的物品，但對我來說，書店卻是時時刻刻活著、會行動的地方。我不會特意安排時間去書店觀察，但每當路過書店，我總會進去逛逛，有時甚至連續三四天去同一家書店。即使每天造訪同一家書店，每天看到的、感受到的，以及思考的事情都不盡相同。因此，在我進行書寫課程時，我常常建議大家親自去書店閱讀。網路書店雖然擁有快速搜尋書籍甚至節省購書成本的優勢，但實體書店對激發想法和創造點子有著巨大的幫助。從現在開始，你也可以刻意找時間造訪書店，去感受書店的魅力。每家書店都有其店主獨特的品味和陳列方式，推薦的書籍也各有特色。多走訪幾家書店，你會發現許多平時未曾關注的書籍，也許你會在其中找到人生的轉捩點。

如果你還在猶豫不知從何開始培養成為有見識的閱讀者，那就先去書店吧。讓書店成為你人生中最短時間內實現巨大改變的魔法所在。

尾聲 人生的所有答案都在書裡

「閱讀是我人生中最奢侈的事，是讓我變得幸福的人生奢侈。」

——卡爾．拉格斐（Karl Lagerfeld）

世界哲學家大會自一九〇〇年開始每五年舉辦一次，是知識界最高層次的盛會。韓國於二〇〇八年在首爾主辦過此盛事。在二〇〇〇年於土耳其舉辦的大會上，匯聚了眾多哲學家，他們決定討論截至當時出現的所有哲學命題中，哪一個最為深奧。而這次大會也產生了人類史上最引人注目的「抽選語錄」。第一名得主是「內心貧窮的人很幸福」。

內心貧窮的人很幸福

內心貧窮的人很幸福？對一夕之間變得一貧如洗的人們而言，這句話似乎像在火上澆油。針對這句話也有很多種解析，我個人喜歡十三世紀德國神學家埃克哈特大師（Meister Eckhart）的解析。

「內心貧窮的人不會再多奢望什麼，不會想多了解什麼，也不會想多擁有什麼。只有慾望自由，知識自由，擁有自由，甚至也從神靈解放的人，才是真正內心貧窮的人。」

我們想像中的富人，所追求的不就是這種自由嗎？透過閱讀，人們可以像富有者一樣擁有經濟自由、自主權以及實現自我的機會。當這三種願望一概被滿足，內心貧窮的人就是自由的。只要透過閱讀就能享受到這種自由，是不是很神奇呢？

現在開始一本一本來

用亞當・史密斯（Adam Smith）筆名而聞名的普林斯頓大學喬治・古德曼（George Goodman）教授與巴菲特見面時，他纏著對方給投資新手建議，巴菲特當然二話不說地給了建言：

「做我在四十年前做過的事吧，去研究曾公開交易證券的所有美國上市企業。透過這種方式獲得的儲備知識，會隨著時間過去帶給你很多幫助。」

但一臉為難的亞當・史密斯接著問：

「但上市企業有兩萬七千家……。」

「那從A開頭的公司開始就行了。」

巴菲特會長如此答道。

比我晚三十年出生的兒子曾經問我，當時的他正值大學新生時期，因為教授推薦素養圖書才知道世界上還有這麼多書。

「我比媽媽晚了三十年才開始讀書，如果要像妳一樣閱讀，我要怎麼填補這三十年的差距呢？」

我是這麼回答的。

「從現在開始一本本讀呀。」

附錄

世界級富豪分享50本「改變我人生的書」

以下是世界首富、白手起家的富翁們分享的「改變我人生的書」，希望你能將這些書放進你自己的「月薪族的閱讀致富計畫」第一年的書單。[1]

1. 勞倫斯・艾利森（Lawrence Ellison）：《人月神話：軟體專案管理之道》。佛瑞德・布魯克斯（Fred Brooks），經濟新潮社。
2. 勞倫斯・艾利森：《葛洛夫給經理人的第一課：從煮蛋、賣咖啡的早餐店談高效能管理之道》。安德魯・葛洛夫（Andrew Grove），遠流。
3. 賴利・佩吉（Larry Page）：《別鬧了，費曼先生！：科學頑童的故事》。理查・費曼（Richard Feynman），天下文化。
4. 里德・哈斯延斯（Reed Hastings）：《超越企業家精神：將您的企業轉變為經久不衰的偉大公司（暫譯）》（Beyond Entrepreneurship: Turning Your Business into an Enduring Great Company）。詹姆・柯林斯（Jim Collins）。
5. 里德・霍夫曼（Reid Hoffman）：《孫子兵法》。孫子。
6. 里德・霍夫曼：《戰爭論》。卡爾・馮・克勞塞維茲（Carl von

Clausewitz），左岸文化。

7. 李彥宏：《奇點臨近》（The Singularity Is Near: When Humans Transcend Biology）。雷蒙・庫茲維爾（Raymond Kurzweil），機械工業出版社（簡）。
8. 馬雲：《射鵰英雄傳》、《神鵰俠侶》、《倚天屠龍記》。金庸，遠流。
9. 麥可・戴爾（Michael Dell）：《什麼才是經營最難的事？：矽谷創投天王告訴你真實的管理智慧》。本・霍羅維茲（Ben Horowitz），天下文化。
10. 麥可・戴爾：《非典型經營者的成功法則：8 個企業成功翻轉的案例，巴菲特、《從 A 到 A+》作者柯林斯推薦必讀》。威廉・索恩戴克（William Thorndike），遠流。
11. 麥可・彭博：《原則：生活和工作》。瑞・達利歐（Raymond Dalio），商業周刊。
12. 馬克・祖克柏：《微權力：從會議室、軍事衝突、宗教到國家，權力為何衰退與轉移，世界將屬於誰？》。摩伊希斯・奈姆（Moisés Naím），商周出版。
13. 馬克・祖克柏：《創意工廠（暫譯）》（The Idea Factory）。喬恩・葛特納（Jon Gertner），Penguin Press。
14. 馬克・祖克柏：《世界，沒你想的那麼糟：達爾文也喊 Yes 的樂觀演化》。麥特・瑞德里（Matthew Ridley），聯經出版。

---

1 以下出版資料以最新中文版本為主，未有中文版者則暫譯書名。

15. 布萊恩・崔西（Brian Tracy）：《思考致富：暢銷全球六千萬冊，「億萬富翁締造者」拿破崙・希爾的13條成功白金法則》。拿破崙・希爾（Napoleon Hill），野人。
16. 比爾・蓋茲：《商業冒險：華爾街的12個經典故事》約翰・布魯克斯（John Brooks），大塊文化。
17. 比爾・蓋茲：《如何避免氣候災難：結合科技與商業的奇蹟，全面啟動淨零碳新經濟》比爾・蓋茲，天下雜誌。
18. 比爾・蓋茲：《從管理企業到管理人生的終極 MBA: 迎戰劇變時代，世紀經理人傑克．威爾許的重量級指南》。傑克．威爾許（Jack Welch）、蘇西．威爾許（Suzy Welch），商周出版。
19. 謝爾蓋・布林（Sergey Brin）：《潰雪》。尼爾・史蒂芬森（Neal Stephenson），新經典文化。
20. 孫正義：《永不放棄：我如何打造麥當勞王國》。雷・克洛克（Ray Kroc），經濟新潮社。
21. 史蒂夫・賈伯斯：《一九八四》喬治・歐威爾（George Orwell），遠流。
22. 史蒂夫・賈伯斯：《阿特拉斯聳聳肩》。艾茵・蘭德（Ayn Rand），早安財經。
23. 史蒂夫・賈伯斯：《一個瑜珈行者的自傳》。帕拉宏撒・尤迦南達（Paramahansa Yogananda），好人出版。
24. 柳井正：《季寧談管理》（Managing）。哈羅德・季寧（Harold Geneen），長河。
25. 歐普拉・溫芙蕾（Oprah Winfrey）：《每一天的覺醒：365次心靈的復

甦，每一天都能成為全新的人》。馬克・尼波（Mark Nepo），木馬文化。

26. 歐普拉・溫芙蕾：《跟錢好好相處：幸福的關鍵，是找到金錢與人生的平衡點》。薇琪・魯賓（Vicki Robin），商業周刊。

27. 華倫・巴菲特：《投資者的未來》。傑里米・西格爾（Jeremy James），機械工業出版社（簡）。

28. 華倫・巴菲特：《智慧型股票投資人》班傑明・葛拉漢（Benjamin Graham），寰宇

29. 伊隆・馬斯克：《魔戒三部曲》。J・R・R・托爾金（John Ronald Reuel Tolkien），聯經出版。

30. 伊隆・馬斯克：《超智慧：AI風險的最佳解答》。尼克・博斯特羅姆（Nick Bostrom），感電出版。

31. 伊隆・馬斯克：《從0到1：打開世界運作的未知祕密，在意想不到之處發現價值》。彼得・提爾（Peter Thiel），天下雜誌。

32. 傑夫・貝佐斯：《長日將盡》。石黑一雄，新雨。

33. 傑夫・貝佐斯：《基業長青：高瞻遠矚企業的永續之道》詹姆・柯林，遠流。

34. 傑夫・貝佐斯：《你要如何衡量你的人生？：哈佛商學院最重要的一堂課》。克雷頓・克里斯汀生（Clayton Christensen），天下文化。

35. 吉姆・羅傑斯（Jim Rogers）：《智慧型股票投資人》。班傑明・葛拉漢，寰宇。

36. 查理・蒙格：《出一張嘴就夠了：50條讓你溝通順利、商品狂賣的科學方法》羅伯特・西奧迪尼（Robert Cialdini），高寶。

37. 提摩西・費里斯（Timothy Ferriss）：《原則：生活和工作》。瑞・達利歐，商業周刊。

38. J・P・摩根（John Pierpont Morgan）：《從容的力量》。雅莉安娜・哈芬登（Arianna Huffington），平安文化。

39. 《富比士》選出 20 世紀最後 20 年最多人讀的書：

《競爭優勢》。麥可・波特（Michael Porter），天下文化。

《企業再造：企業革命的宣言書》。麥可・韓默（Michael Hammer），上海譯文（簡）。

《競爭大未來：掌控產業、創造未來的突破策略》。蓋瑞・哈默爾（Gary Hamel），足智文化。

《創新的兩難》。克萊頓・克里斯坦森（Clayton Christensen），商周出版。

《基業長青：高瞻遠矚企業的永續之道》。詹姆・柯林斯，遠流。

《與成功有約：高效能人士的七個習慣》。史蒂芬・柯維，天下文化。

《從 A 到 A+：企業從優秀到卓越的奧祕》。詹姆・柯林斯，遠流。

《追求卓越：探索成功企業的特質》。湯姆・彼得斯（Tom Peters），天下文化。

《引爆趨勢：小改變如何引發大流行》。麥爾坎・葛拉威爾（Malcolm Gladwell），時報出版。

40. 金範洙：《引爆需求：讓顧客無可救藥愛上你的 6 個祕密》。阿德里安・史萊渥斯基（Adrian J. Slywotzky），天下雜誌。

41. 金範洙：《為什麼我們這樣生活，那樣工作？》。查爾斯・杜希格

（Charles Duhigg），大塊文化。

42. 金範洙：《廣角鏡頭：成功創新者看到而其他人忽略的事（暫譯）》（The Wide Lens: What Successful Innovators See That Others Miss）。隆・艾德納（Ron Adner），Portfolio

43. 金逢進：《論語一語（暫譯）》。長尾剛，kanki 出版（日）。

44. 金逢進：《論自由》。約翰・史都華・彌爾（John Stuart Mill），五南。

45. 金勝鎬：《門口的野蠻人：當肥貓執行長遇上企業禿鷹》。布萊恩・伯瑞（Bryan Burrough），左岸文化。

46. 金勝鎬：《節制的成功學（暫譯）》（절제의 성공학）。水野南北，baram（韓）。

47. 崔凱莉：《快速致富：開拓一條致富快車道，提早實現真正的財務自由》。M・J・狄馬哥（MJ Demarco），久石文化。

48. 崔凱莉：《大富豪獨門私藏・一生受用の強運行為學》。齋藤一人，和平國際。

49. 崔凱莉：《祕密》。朗達・拜恩（Rhonda Byrne），方智。

50. 徐廷珍：《放在身邊的世界史（暫譯）》（곁에 두는 세계사）。需求歷史研究會，石筆（韓）。

月薪族的閱讀致富計畫

普通人升級富一代的致富祕笈——多讀 2 倍書，年薪翻 3 倍！

作者　宋淑憙
譯者　黃千真
執行編輯　顏好安
行銷企劃　劉妍伶
封面設計　周家瑤
版面構成　賴姵伶
發行人　王榮文
出版發行　遠流出版事業股份有限公司
地址　臺北市中山北路一段 11 號 13 樓
客服電話　02-2571-0297
傳真　02-2571-0197
郵撥　0189456-1
著作權顧問　蕭雄淋律師
2024 年 1 月 1 日　初版一刷
定價新台幣 360 元

ISBN 978-626-361-389-8
遠流博識網 http://www.ylib.com E-mail: ylib@ylib.com
（如有缺頁或破損，請寄回更換）

國家圖書館出版品預行編目 (CIP) 資料
月薪族的閱讀致富計畫 / 宋淑憙著 ; 黃千真譯 . -- 初版 . -- 臺北市 : 遠流出版事業股份有限公司 , 2024.01　面 ;　公分
譯自 : 부자의 독서법 : 부와 성공을 이루기 위한 책읽기 기술
ISBN 978-626-361-389-8(平裝)
1.CST: 成功法 2.CST: 財富 3.CST: 個人理財
177.2　　112018265